한국어 학습자
언어 자료 분석의
방법과 실제

한국문화사 한국어교육학 시리즈

한국어 학습자
언어 자료 분석의 방법과 실제

원미진 · 황지유 · 남미정 · 왕억문 · 왕 호 · 이시재
김주영 · 주정정 · 주우동 · 김지영 · 신희랑 · 박정화 지음

한국문화사

서문

한국어 학습자의 언어 교수 학습과 습득의 문제에 관해 연구를 하고 또 연구하는 학생들을 지도하면서 매번 부닥치는 문제는 어떤 방법으로 학습자 언어 자료를 분석하는 것이 연구의 목적에 맞는 방법일까에 대한 것이다. 같은 교수 방법이라도 학습자의 성격에 따라 다른 습득 양상을 드러내듯이 같은 언어 자료라고 할지라도 어떤 관점과 방법으로 바라보고 분석하느냐에 따라 학습자의 언어 자료는 다양한 의미를 드러낼 수 있다.

언어 학습자의 제2언어 혹은 외국어 습득 과정에서 사용하는 언어를 '중간언어'라는 관점에서 바라보고, 그것의 언어적 특징을 기술하기 위해 많은 연구가 이루어졌으며, 이러한 경향은 외국어로서의 한국어교육 분야에서도 예외는 아니다. 연구 주제에 따라 자료를 선정하고 주제에 맞는 방법으로 연구를 하거나 연구 논문을 지도하면서 좀 더 방법론적으로 탄탄한 논문을 쓰고 싶어서 Ellis & Barkhuizen(2005)의 'Analysing learner language'를 읽으면서 박사 과정의 학생들과 함께 스터디를 시작했다. 매학기 8번~10번의 스터디를 통해 이 책의 내용을 파악하고, 한국어교육 논문을 찾아서 비판적으로 읽어보는 과정을 3년 넘게 해 오고 있다. 대부분의 이 책의 저자는 이 스터디를 두 학기 이상 되풀이한 박사 과정 이상의 연구자들이다. 공부를 하다가 이 내용을 함께 정리해 보기로 한 지 1년 이상의 시간이 지났기에 우선 책으로 내 보려고 한다.

이 책에서는 학습자의 언어 자료를 분석하는 8개의 방법을 정리하였다. 순서는 Ellis & Barkhuizen(2005)의 책에서 제시하고 있는 순서대로 따라간다. 이 순서를 그대로 따른 이유는 이 순서가 언어 분석 방법이 상호 부족함을 채워가면서 발전해 나간 순서이기도 하며, 역사적으로 언어 교육 연구의 주된 관심의 변화를 볼 수 있는 순서이기도 하기 때문이다. 어떤 연구 방법은 한국어교육 연구를 많이 찾을 수 없어서 적용의 가능성을 찾기가 어렵기도 하였고, 어떤 방법은 너무 많아서 모두 다 정리해 넣으려면 책 한 권의 분량이 될 수도 있었다.

연구 방법의 선택은 방법의 좋고 나쁨이라기보다는 유행의 흐름을 따른 결과이거나 우리가 가지고 있는 연구 자료의 한계를 반영한 결과일 수 있다. 하나의 연구 자료를 분석하는 각각의 방법은 장점과 단점을 가지고 있다. 어떤 연구자들은 남들이 하지 않는 방법으로 연구하기를 선호하며, 또 그 반대로 모두가 관심을 갖는 방법으로 내가 연구를 더 잘해 보겠다는 의욕을 불태우기도 한다. 여러 번 스터디를 하면서 느꼈던 것은 처음 스터디를 시작할 때 했던 이야기들이 지난 3년간 크게 달라지지 않았다는 점이다. 지난 3년간 많은 연구들이 나왔지만 3년이란 시간은 연구의 큰 흐름은 바꿀 수 있는 시간은 아니기 때문이다.

책으로 내야겠다는 생각은 많은 한국어교육의 연구자들이 연구 자료를 분석하고 해석하는 데에 도움이 되었으면 좋겠다는 생각에서였다. 처음에는 책의 번역에서 시작하였다가 한국어교육에 적용하는 것으로 우리 스터디의 초점이 옮겨 가면서 이 책에서는 연구 자료의 분석 방법을 간단하게 정리하고 그 방법이 의미하는 바가 무엇이며, 현재 한국어교육 연구에 어떻게 적용되고 있는가에 초점을 맞추기로 하였다. 방법론적인 설명에 최선을 다하였지만 혹시 부족한 점이 있다면 이는 몇 번의 스터디를 통해서도 잘 해결하지 못한 연구자로서의 나의 부족함으로 인한 것이다. 그러나 앞으로도 연구와 지도를 계속해 가기 위해서 이쯤에서 한 권으로 정리해 보고 또 다시 이 책으로 공부를 해 나가면서 부족함을 채워보기로 하겠다.

　몇 명의 학생들이 학위를 받고 둥지를 떠나기도 하였고, 이 책을 위해 다시 모여 이야기를 나누기도 하였다. 한국어교육의 많은 연구들이 쏟아져 나오고 있지만 아직도 하지 않았거나 하지 못한 연구들이 더 많기에 다양한 연구의 시각을 살펴보고 싶은 연구자들이라면 한 번쯤 이 책을 읽어 보기를 권한다.

　연구자로서의 나의 즐거움은 때로 무심히 지나쳤던 언어 (학습) 현상이 내가 배운 이론과 연구 방법으로 그 현상을 설명할 수 있는 통찰력(insight)이 생길 때이다. 통찰력은 관찰과 경험에서 생기기도 하지만 새로운 이론과 방법에 대한 끊임없는 공부를 통해서 생긴다고 믿는다. 또한 같은 이론과 연구 방법에 대한 탐구는 매번 할 때마다 새로운 통찰을 주기도 한다. 즐겁게 공부하고자 했지만 때로 공부라는 것 때문에 즐거움을 느끼지 못할 때도 포기하지 않고 함께 한 제자들에게 고마움을 전하며 지금의 마무리가 앞으로 연구자로서의 길을 가는 데에 작은 출발이 되기를 바라며 서문을 마무리한다.

2019년 여름 외솔관에서
원미진 씀

이 책의 구성

이 책의 제1부는 각 이론의 역사적 배경에 대한 소개와 언어 자료 수집 방법에 대한 소개이다. 1장은 뒤에 소개될 8개의 언어 분석 방법이 나타나게 된 역사적인 배경과 연구 방법으로서의 의의를 간단하게 소개하는 장이다. 자세한 소개는 이미 Ellis & Barkhuizen(2005)에 기술되어 있기에 이 책에서는 언어 연구자로서 이 방법에 관심을 갖는 이유나 각각의 연구 방법으로 보여줄 수 있는 연구의 의의와 한계를 언급함으로써 연구 방법에 흥미를 갖도록 기술하였다. 2장에서는 전반적인 언어 자료 수집 방법과 자료의 특성에 따른 분석 방법을 소개하였다. 물론 제2부에서 각 연구 방법을 개별적으로 다루면서 자료 수집에 대하여 함께 다루고 있으나 전체적으로 연구 자료에 대해 조망해 보는 것은 연구자로서 연구 자료를 어떻게 수집할 것이고 연구 자료에 따라 어떤 연구 방법을 선택할 것인가에 대한 시각을 넓히기 위해서 필요하다고 판단하였다. 제1부의 기술은 원미진이 하였는데 연구 논문처럼 각주를 달고 쓰는 방법이 아니라 연구자로서의 평소의 생각을 쉽게 풀어 설명하는 방법으로 기술하였다. 초보 연구자들이 연구 방법의 선택에 대한 고민 전에 전반적인 언어 자료 분석의 역사적 변천 과정과 장단점을 읽어 보면 좋을 것이라는 생각에서 연구자가 연구 방법을 선택할 때 할 수 있는 질문을 염두에 두고 기술하였다. 각 방법이 연구를 통해 밝힐 수 있는 것들을 파악한 뒤에 분석을 위한 언어 자료를 수집한다면 연구 방법의 선택뿐만 아니라 학습자의 언어 사용 양상을 보는 관점도 달라질 수 있을 것이다.

제2부는 8개의 방법을 소개하는 8개의 장으로 나누었고, 각 장은 3개

의 절로 나누어 기술하였다. 먼저 분석 방법과 절차를 소개하였다. 이 소개는 각각의 언어 자료 분석 방법을 따라서 연구할 수 있는 방법에 초점을 맞추어 최대한 절차적으로 기술하였고, 연구 방법 소개에 필요한 예는 한국어의 예를 사용하고자 하였다. 그럼에도 불구하고 연구의 방법에 관한 것은 어쩔 수 없이 Ellis & Barkhuizen(2005)의 인용이 많음을 고백하지 않을 수 없다. 연구 방법은 언어에 따라 달라지는 것이 아니라 방법에 따라 달라지기에 한국어에만 사용하는 방법은 아니기 때문이다. 2절에서는 이 연구 방법으로 이루어진 한국어교육 연구들의 동향을 파악해 보는 작업을 하였다. 이 작업을 통해 각 연구 방법이 한국어교육 연구에서 어느 정도의 성과를 이루고 있는지를 아는 것이 향후 연구를 계획하는 데에 도움이 될 것이라 판단해서이다. 마지막 절에서는 한두 편의 한국어교육 연구 논문을 대상으로 각 연구 방법이 어떻게 적용되어 수행되고 있는지를 구체적으로 살펴보았다. 연구 방법에 따라 기출간된 논문이 선정되기도 하였고, 집필자들이 계획하고 있는 연구를 넣기도 하였다. 선택된 논문 중에 기출간된 연구 논문은 인용을 하는 방법을 취하였다. 각각의 연구 방법으로 이루어진 많은 논문 중에 몇 개를 선택하는 것은 쉽지 않은 작업이었는데 특별한 사적인 관계없이 스터디에 사용했던 논문을 정리했음을 밝히고 이 지면을 빌어 원논문의 저자에게 감사의 말을 전한다. 각 장의 필자는 장 별로 아래에 적었으며 함께 스터디를 해 간 나의 제자들이다. 이들은 현장 경험에서는 나보다 많은 경험을 가지고 있기도 하고, 외국인으로서 한국어를 학습한 실제 경험에 있어 나보다 더 나은 언어적인 직관력을 갖고 있기도 한 연구자들이다.

1. 오류 분석 (황지유)
2. 필수 경우 분석 (남미정)
3. 빈도 분석 (왕억문, 왕호)
4. 형태-기능 분석 (이시재)
5. 기능-형태 분석 (김주영, 주정정)
6. 정확성, 유창성, 복잡성 분석 (주우동)
7. 상호작용 분석 (김지영, 신희랑)
8. 대화 분석(박정화)

   이 책의 독자들은 제1부를 가볍게 먼저 읽는 것이 연구 방법의 변천과 각 방법의 장단점을 파악해 보기 위해 필요할 것이다. 그 후 자신이 가지고 있는 연구 자료의 속성을 파악해 보고 그 연구 자료로 할 수 있는 연구 방법을 선정한 뒤 제2부의 8가지 방법 중에 관심 있는 방법을 찾아 읽으면 된다. 언어 자료 분석 방법 전체를 공부하고 싶다면 제2부의 처음부터 차례대로 하나씩 공부해 나가면 될 것이다. 시간이 된다면 연구 동향에서 소개하고 있는 연구들을 찾아 읽으면서 연구 분석의 의의와 한계를 생각해 본다면 향후 연구를 계획하고 설계하는 데에 도움이 될 것이다.

목차

- 서문 ·· 5
- 이 책의 구성 ·· 8

제1부
언어 자료 분석의 변천과 언어 자료

제1장 언어 자료 분석 방법의 이론적 배경과 변천

  1. 학습자는 왜 오류를 만들까: 오류 분석 ························· 17
  2. 어떤 문법 형태는 왜 잘 사용할까:
     필수 경우 분석과 빈도 분석 ······································ 20
  3. 언어 형태는 어떤 기능을 수행할까:
     형태-기능 분석과 기능 형태 분석 ································ 23
  4. 학습자의 언어 발달은 무엇으로 측정할까:
     정확성, 유창성, 복잡성 분석 ······································ 25
  5. 언어 학습의 상대방은 학습자에게 어떤 역할을 할까:
     상호작용 분석과 대화 분석 ······································ 28

제2장 언어 자료 수집 방법과 연구 자료 선택

  1. 어떤 연구 자료를 가지고 있는가 : 연구 자료 모으기 ············ 33
  2. 종적 연구의 자료와 횡적 연구의 자료는 다른가:
     연구 방법 선택하기 ·· 35
  3. 필요한 자료는 어떤 방법으로 모을까: 연구 자료 수집 방법 ······ 38
  4. 학습자 말뭉치(corpus)는 모든 연구를 가능하게 하는가:

말뭉치 기반 연구 ·· 43

제2부
학습자 언어 자료 분석 방법

제1장 오류 분석
(Error Analysis)

1. 오류 분석 방법 및 분석 절차 ································· 49
2. 한국어교육의 오류 분석 연구 경향 ························· 65
3. 오류 분석 방법의 실제 ·· 67

제2장 필수 경우 분석
(Obligatory Occasion Analysis)

1. 필수 경우 분석 방법 및 분석 절차 ························· 81
2. 한국어교육의 필수 경우 분석 연구 경향 ················ 88
3. 필수 경우 분석 방법의 실제 ··································· 91

제3장 빈도 분석
(Frequency Analysis)

1. 빈도 분석의 방법 및 절차 ······································ 97
2. 한국어교육의 빈도 분석 연구 경향 ······················ 106
3. 빈도 분석 방법의 실제 ·· 107

제4장 형태-기능 분석
(Form-functional Analysis)

1. 형태-기능 분석 방법 및 분석 절차 ·················· 113
2. 한국어교육의 형태-기능 분석 연구 경향 ·················· 119
3. 형태-기능 분석 방법의 실제 ·················· 122

제5장 기능-형태 분석
(Functional-form Analysis)

1. 기능-형태 분석 방법 및 분석 절차 ·················· 131
2. 한국어교육의 기능-형태 분석 연구 경향 ·················· 136
3. 기능-형태 분석 방법의 실제 ·················· 143

제6장 복잡성, 정확성, 유창성 분석
(Analysing Complexity, Accuracy, Fluency)

1. 복잡성, 정확성, 유창성 분석 방법 및 분석 절차 ·················· 161
2. 한국어교육의 복잡성, 정확성, 유창성 분석 연구 경향 ·················· 173
3. 복잡성, 정확성, 유창성 분석 방법의 실제 ·················· 175

제7장 상호작용 분석
(Interactional Analysis)

1. 상호작용 분석 방법 및 분석 절차 ·················· 185
2. 한국어교육의 상호작용 분석 연구 경향 ·················· 196
3. 상호작용 분석 방법의 실제 ·················· 202

제8장 대화 분석
(Conversation Analysis)

1. 대화 분석 방법 및 분석 절차 ·· 213
2. 한국어교육의 대화 분석 연구 경향 ·· 225
3. 대화 분석 방법의 실제 ·· 228

- 찾아보기 ·· 234

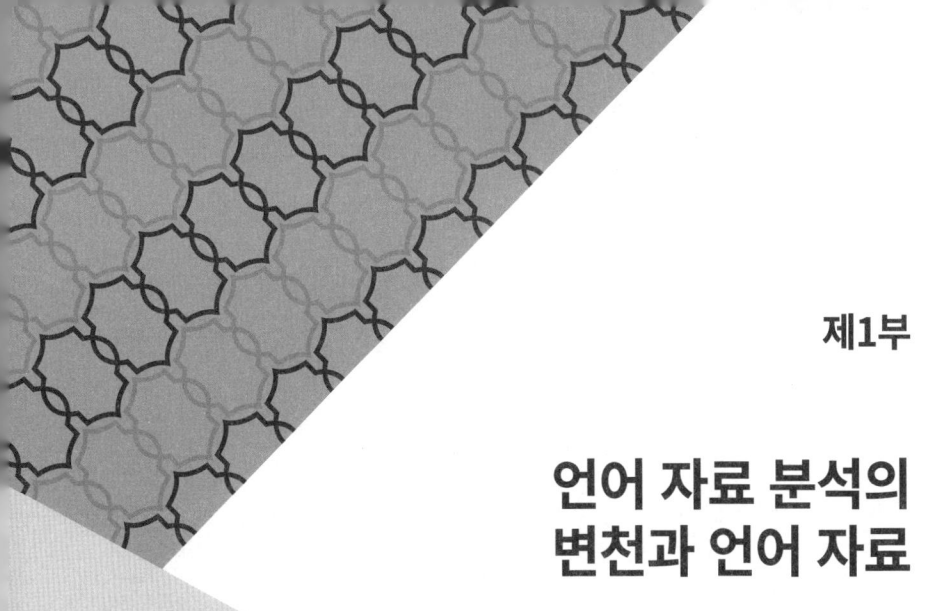

제1부

언어 자료 분석의 변천과 언어 자료

제1장
언어 자료 분석 방법의 이론적 배경과 변천

1. 학습자는 왜 오류를 만들까: 오류 분석

매학기 석·박사 학생들이 '학습자의 언어 자료에서 특정 오류를 보겠다'는 주제를 가지고 논문을 쓰겠다며 나를 찾는다. 학습자의 언어 자료에서 오류를 찾아내고 그 안에서 나타나는 오류를 보는 것은 여전히 그리고 앞으로도 우리가 언어 연구자와 언어 교사로서 해야 하는 일임에 분명하다. 그래서 그 오류를 분석해서 뭘 할 거냐고 물으면 오류의 원인을 찾아보겠다거나, 그런 오류를 없애기 위한 교수 방안을 제시하겠다고 하는 것이 학생들이 가장 많이 하는 말이다. 이러한 연구 계획을 세워 보는 것은 연구의 목적과 절차로서 가장 기본적인 전제이며 언어 연구자 및 교수자의 첫 번째 임무이다. 초기의 언어 교육 연구도 이와 비슷한 목적과 필요에 따라서 방법이 마련되었을 것이다. 오류를 찾아내기 위해 자료를 모으고 이를 오류의 원인에 따라 분석해 보고, 그리고 그 원인에 따른 처방을 내리는 것이다.

학습자 언어의 오류에 대한 관심은 제2언어 교육 혹은 외국어 교육의 교수 학습 연구에 있어 연구자들이 가장 먼저 사용해 본 방법과 일맥상통한다. 본격적인 언어 교수법으로서 청각구두법(audio-lingual method)은 행동주의 심리학에 기초하는데, 모방과 반복을 언어 습득 과정의 중요 기제로 삼고 있다. 좋은 언어 사용을 위해 오류는 피해야 할 대상이기에 오류를 예측하고 오류의 생산을 피할 수 있도록 하는 것이 교사가 해야 할 역할이라고 보았다. 행동주의에 기반한 청각구두법이 언어 교수법의 근간이 되던 시기에 언어 연구의 주류는 오류의 원인을 찾고, 오류를 피하기 위한 대조 분석 연구가 중요한 연구 방법이었다. 두 언어 간의 대조 분석 결과에 따라 언어 학습의 난이도를 예측하고 오류 생산을 피하도록 하기 위한 언어 교수법과 연구가 주를 이루던 시기의 오류에 대한 관점은 여전히 유효하다. 모국어를 배운 뒤에 또 다른 언어를 배운다는 것은 새로운 언어의 학습에 어떤 식으로든 이전 학습이 영향을 줄 수밖에 없다는 점에 동의하지 않을 수 없기 때문이다.

그러나 오류의 원인을 모국어와의 유사점과 차이점에 근거해서 언어 간 전이의 문제로 설명하려던 시도들은 어떤 점에 있어서 유용한 증거를 제공하기도 했지만 인간의 언어 습득 및 사용 양상을 설명하기에는 부족할 수밖에 없었고, 이에 연구자들은 학습자의 오류를 다른 각도로 보기 시작했다. 이러한 전환은 인간의 행동을 설명하려는 시도들이 행동주의에서 인지주의로 넘어오는 것과 맞물려, 언어 학습의 기본적인 전제를 설명함에 있어 행동주의의 대조 분석에 근거하여 오류를 보는 관점에서 언어 학습의 생득적인 관점과 중간언어 이론의 출현으로 달라지기 시작했다. Chomsky의 언어 습득 이론은 그 전까지 행동주의적인 시각으로 설명되어 오던 환경 자극에 대한 모방과 반복 연습에서 마음 속 '블랙 박스' 안의 정신적 과정으로서의 언어 학습 단계를 강조하였다. 이러한 시각은 Selinker(1972)의 언어 학습자가 학습 과정에서 생산해 내는 언어를 '중간언어'라는 용어로 설명하면서 학습자가 생산해 내는 오류 안에서의 체계를 하나의 언어 체계로 보려는 시각으로 바뀌었다. 중간언어의 관점에서 오류를 본다면 오류는 학습자가 보여주는 언어 발달 단계의 하나의 신호이자 나름의 의미 있는 규칙 적용의 결과이다. 이 관점으로 오류를 본다면 연구자로서 해야 할 일은 오류의 규칙을 찾고 학습자의 중간언어의 특징까지도 밝히기 위해 오류를 유형화하면서 오류의 원인과 처방을 내리는 일이다. 그러나 오류 분석을 해본 연구자들이라면 열심히 오류의 숫자를 세고, 오류의 원인을 유형화하다가 점점 문제의 시작점으로 돌아와 본 경험이 있을 것이다. 그것은 바로 '무엇을 오류로 봐야 하는가?'에 대한 질문이다. 이것은 학습자가 자가 수정이 가능한 실수였는지 아니면 몰라서 범한 오류인지를 무엇으로 판단할 수 있을 것이냐의 문제가 어렵기 때문만은 아니다. 오류는 나타난 것만 볼 수 있는데 학습자가 회피하고 사용하지 않았다면 그것은 오류가 아닐까? 그래서 오류의 원인을 판단하기 위해서는 언어학적 근거와 교육학적인 관찰뿐만 아니라 심리학적 혹은 뇌과학적인 탐구까지 필요한 것인지도 모른다.

하나의 연구 방법이 모든 것을 설명할 수는 없지만 하나의 이론적 바탕 위에서 논리적인 설명은 가능하다. 그런 측면에서 오류 분석 연구는 오류의 원인을 찾아보기 위해 이를 대조언어학적으로든 중간언어의 관점에서든 다양한 관점에서 설명을 해 보려는 시도가 필요하다. 물론 하나의 오류 현상이 반드시 하나의 원인으로 분류되지 않기에 난감해지기도 할 것이지만 오류의 체계를 설명하는 것이 불가능한 것은 아닐 것이다. 그리고 학습자의 언어를 분석하면서 이러한 오류 분석의 한계를 인정한다면 학습자의 언어 자료에서 오류만 봐서는 안 된다는 시각으로 당연히 나아갈 수밖에 없다. 학습자의 오류로만 언어를 분석하는 것은 학습자의 언어 사용에 대한 불완전한 기술임이 명백하기 때문이다.

2. 어떤 문법 형태는 왜 잘 사용할까: 필수 경우 분석과 빈도 분석

언어 습득론 강의를 하면서 가장 강조하는 말 중의 하나는 학습자가 잘 사용하고 있는 언어 형태에 초점을 맞춰보라는 것이다. 어떤 수준의 언어 학습자라도 그 사람이 사용하는 언어는 오류보다는 잘 사용하는 형태가 훨씬 많다. 아니 대부분은 잘 사용하는데 몇 개의 오류들이 나타날 뿐이기에 어떤 때는 잘 사용하는데 왜 어떤 때는 오류가 나타나는지를 살펴본다면 학습자의 언어 사용 양상을 좀 더 풍부하게 설명할 수 있다. 이것은 앞에서 살펴본 오류 분석의 한계를 생각한다면 당연히 고려해야 하는 방법이다.

그런데 우리의 관심은 오류에 더 가고 있다. 왜 그럴까? 모든 연구는 문제를 해결하기 위한 시도라는 점에서 연구 문제를 찾다보니 오류는 명확하게 보이는데 잘 사용하고 있는 부분은 눈에 띄는 현상으로 나타나지 않기 때문일 것이다. 그러나 어떤 학습자가 조사 '이/가'를 대부분은 잘 사용했는데 특정 상황에서는 잘 사용하지 못했다면 잘 사용하지 못했던 상황의 분석만으로는 왜 잘 사용하지 못하고 있는가를 밝힐 수가 없다. 잘 사용하는 상황과 잘 사용하지 못하는 상황 둘 다를 꼼꼼히 비교하고 분석해 봐야 습득의 문제가 어디에 있는가를 밝힐 수 있다.

이런 측면에서 필수 경우 분석(obligatory occasion analysis: Brown,

1973)은 특정 언어학적 형태를 얼마나 정확하게 사용하고 있느냐를 살펴보는 방법이며, 빈도 분석(frequency analysis)은 특정 시기에 사용하는 언어 형태를 각각의 빈도 계산을 통해 발달 단계의 과정을 기술하는 방법이다. 두 방법 모두 앞의 오류 분석과는 달리 학습자가 사용하는 언어의 오류만 보는 것이 아니라 오류이든 아니든 그 형태가 나타나는 현상 자체를 대상으로 한다는 점에 있어서는 공통점이 있으며 오류보다는 습득의 순서에 관심을 가지고 언어 사용 양상을 살펴보는 방법이다.

학습자의 언어 사용 양상을 모국어의 전이에 의한 영향을 강조하는 대조언어학적인 방법으로 설명하려던 방법은 언어 내 오류의 설명이 불가능하다는 한계에 부닥쳤고, 문법 형태 자체의 습득에 나타나는 자연적인 순서에 관심을 가지기 시작하였다. 영어 모어 습득에 있어서 아이들이 보이는 형태소 습득과 관련한 Brown(1973)의 종적 연구와 제2언어를 습득하는 다양한 연령대의 학습자를 대상으로 한 Dulay & Burt(1973) 연구는 영어 문법 형태소 습득의 순서에 있어 모어 화자나 학습자가 대체로 유사점이 있다고 보았고, 이 결과는 생득주의자들의 주장을 뒷받침하면서 보편적으로 자연적인 습득 순서가 있다는 가설을 지지하게 되었다. 형태소 습득 연구에서 습득은 문법 형태소 사용의 정확도였으며 형태소 사용의 정확성 여부를 점수화하여 습득 순서를 결정한다. 이 방법은 오류 분석 방법이 학습자의 오류에 초점을 맞추고 있는 것에 비해 정확한 사용에 초점을 맞추고 있다는 점에서 차이가 있으며 습득의 순서를 보려는 목적을 수행하는 데에 연구 방법으로서의 의의가 있다. 그러나 문법 형태의 정확한 사용을 습득의 순서로 보는 것은 여전히 논쟁거리이다.

빈도 분석(Cancino et al, 1978)은 특별한 문법적 자질을 수행하는 다양한 장치를 통해 학습자 언어의 내재적 변이를 설명하는 방법으로 학습자의 발달 과정을 다룬다. 오류 분석이나 필수 경우 분석이 목표어의 규칙에 따라 오류를 판정하거나 정확도를 산출하기 위해 목표어와의 비교를 피할 수 없는데 이렇게 학습자 언어와 목표어의 비교를 통해 본다면 비교 오류(comparative fallacy: Beley-Vroman, 1983)에 빠지게 된다. 빈도 분석은 목표어와의 비교가 아닌 학습자 자신의 체계 안에서 언어 발달을 볼 수 있다는 측면에서 중간언어 발달의 역동적 체계를 밝히는 방법이라고 하겠다. 빈도 분석 연구는 자연적 습득 순서를 따른다는 관점을 지지하며 이런 측면에서 필수 경우 분석과 같은 목적이 있으나 필수 경우 분석이 주로 횡적인 연구로 문법 형태 사용의 정확도로 습득의 순서를 결정하는 것이라면 빈도 분석은 주로 종적인 연구를 통해 수행된다. 각 학습자의 언어 발달을 시기별로 나누고 각 시기에 많이 사용하는 문법 형태의 빈도를 살펴보는 것이기에 시제 발달이나 의문문 발달 연구와 같은 연구들을 통해 수행되었다.

그러나 필수 경우 분석은 몇 개의 정해진 문법 형태의 사용 자료를 목표어와의 비교를 통해 습득의 순서를 정할 수는 있지만 왜 이런 순서가 나타나는지에 대한 내재적 발달 체계를 설명할 수 없다는 점이 문제이며, 빈도 분석은 이런 측면에서는 필수 경우 분석의 한계를 보완하고 있다. 빈도 분석을 통해 학습자의 사용 양상이 파악된다면 습득 과정의 메커니즘을 밝히는 것이 가능하기도 하다. 학습자 언어의 습득 순서를 밝히려는 시도로서 두 방법은 오류 분석이 수행하지 못한 언어 자료의 모습을 볼 수 있다는 점에 있어 의의가 있으나 두 방법이 습득 순서를 설명하려 시도함에도 불구하고 왜 그럴까를 설명하려면 다시 학습자의 모국어나 언어 자체의 보편적인 어려움이 원인이라는 것으로 이유 찾기에 나서게 된다.

3. 언어 형태는 어떤 기능을 수행할까: 형태-기능 분석과 기능-형태 분석

　문법 중심의 언어 교육에서 기능 중심의 언어 교육으로 넘어가게 되는 계기는 문법 중심의 언어 교수법으로 의사소통이 가능하지 않았다는 자각에서이다. 언어 교육이 의사소통 중심의 언어 교수법으로 방향을 바꾸면서 언어 교수자들은 기능 중심의 교수요목에 관심을 가지게 되었고 언어적 형태가 수행하는 기능에 초점을 맞추게 되었다. 의사소통의 상황에서 언어 형태가 수행하는 기능에 대한 연구자의 관점은 두 가지 측면으로 나누어 생각해 볼 수 있다. 첫째는 하나의 형태가 수행하는 언어적 기능에는 어떤 것들이 있느냐이고, 둘째는 하나의 기능을 수행하는 언어의 형태는 어떤 것들이 있느냐이다. 예를 들어 '-겠-'의 기능은 화자의 의지나 시제 표시 혹은 추측을 나타내는 기능이나 공손한 표현에 쓰이는데 이렇게 하나의 형태가 여러 가지 기능을 수행하는 경우에 어떤 형태-기능을 먼저 습득하는지를 알아보기 위해 수행하는 것이 형태-기능 분석이다. 반면에 미래를 나타내는 말을 하기 위해 '-겠-'을 쓰거나 '-을 것이다'를 쓰거나 혹은 '내일 -ㄴ/는다'와 같은 표현을 쓸 수 있는데 왜 미래를 나타내는 여러 형태 중에 이 형태를 선택했을까에 관심을 갖는 것이 기능-형태 분석이다.

　이전의 오류 분석이나 빈도 분석이 학습자 언어의 형태적 특성에 집중하느라 형태에 의해 수행되는 기능을 살펴보지 못했는데 이 기능 분석은 의사소통을 수행하기 위해 학습자가 선택하는 언어적 형태가 학습자의 체계 안에서 어떻게 변화되어 오는가에 초점을 맞추어 분석한다. 이 기능에 대한 관심은 학습자의 중간언어를 빈도 분석이 제공하는 것보다 풍부하게 기술할 수 있게 해준다.

　기능이란 말은 언어 연구에서 다양한 의미 혹은 다양한 영역에 걸쳐 논의되고 있다. 의사소통을 위한 언어의 기능이란 문법적 기능일 수도 있고(예를 들어 문장의 성분으로서 문장에서 어떤 역할을 하는지, 문장의 시제와 관련된 것인지 등), 화용적 기능(예를 들어 요청하기, 거절하기, 사과하기, 칭찬하기 등)일 수도 있고 담화 기능이나 의사소통 기능일 수도 있다. 형태-기능 분석이 상대적으로 언어 형태의 문법적 기능을 분석하는 데에 좀 더 많이 활용된다면, 기능-형태 분석은 화용적 기능과 관련된 연구에 많이 활용되는데 두 분석 방법 모두 언어는 형식적 체계일 뿐만 아니라 다양한 의미를 만들어내는 수단이라는 언어 학습에 대한 기능주의적 관점을 취하고 있다.[1]

　형태-기능 분석은 학습자가 사용하는 형태가 어떻게 시기에 따라 달라지고 있는가를 보는 종적 연구의 형태를 띠고 있기에 연구 자료 역시 종적인 발달을 볼 수 있는 자료로 연구되고 언어 형태의 변이라는 측면에서 연구 대상의 확인이 수월하다. 반면에, 기능-형태 분석은 종적 연구로 수행 가능하지만 언어 교육에서의 연구는 주로 모어 화자와 학습자의 대조, 혹은 학습자의 언어와 학습자의 모어의 대조를 통한 화행 기능의 사용을 비교하는 연구가 많이 이루어진다. 이 기능-형태 분석은 하나의 기능을 수행하는 범주를 어떻게 봐야 하느냐에 따라 언어 자료에 나타난 장치의 객관적인 코딩이 어려운 경우가 발생한다. 예를 들면 거절을 위해 사용된 언어 형태를 보는 것과 더불어 이를 위해 어떠한 언어 전략 혹

1　Ellis & Barkhuizen(2005)에서는 형태-기능 분석이 Halliday(1975)가 기능문법으로 불렀던 것에 기반하고 있다면 기능-형태 분석은 화용론, 특히 화행과 관련되어 있어서 기능 분석의 이 두 가지 유형은 상보적인 것이라고 보고 있다.

은 의사소통 전략을 사용하고 있는가를 기능의 수행으로 보기 때문에 기능의 사용에 대한 판단은 연구자들이 어떤 기준으로 보느냐에 따라서 달라질 수 있다.

언어 교육을 문법 교육으로 보느냐와 기능 교육으로 보느냐의 차이는 언어 형태의 규칙에 초점을 맞추느냐 언어 사용에 초점을 맞추느냐에 따라 분석의 관점이 달라지는 것이다. 의사소통을 위한 기능의 사용에 언어 분석의 초점을 맞춘 학습자 언어 자료 연구는 이런 측면에서의 방향 전환이다.

4. 학습자의 언어 발달은 무엇으로 측정할까: 정확성, 유창성, 복잡성 분석

학습자의 쓰기 자료를 채점하다 보면 어떤 문장에 점수를 더 줄 것인가에 대해 고민이 될 때가 있다. 다음의 예를 연결어미 '-느라고'를 사용하여 문장을 만들어야 하는 문제에 대한 세 학생의 답이라 가정해 보자.

예1) 어제 숙제하느라고 잠을 못 잤어요.
예2) 어제 밤에 제가 숙제가 많았어서 숙제를 다 하느라고 친구가 못 만났어요.
예3) 어제 숙제를 끝나느라고 새벽에야 잠자리에 들었어요.

예1)은 문제에 맞는 답을 제시하고 있지만 정확성에 초점을 둔 나머지 문법 항목의 사용을 자신이 아는 범위 안에서 매우 통제하여 사용한 학습자의 문장이라면, 예2)는 언어의 형태보다는 의미를 더 중요시해서 망설임 없이 말하는 학습자인데 그러다보니 문법의 오류를 보인 학습자이다. 예3)의 경우는 자신이 배운 더 어려운 어휘를 사용해 보려는 시도를 하는 학습자로 '숙제를 하다'가 아니라 '숙제를 끝내다'로 '잠을 자다'가 아니라 '잠자리에 들다'로 사용해 본 학습자의 문장이다. 오류의 개수를 센다면 예1)은 없고, 예2)는 2개의 조사 오류가 나타났으며 예3)은 어휘 오류가 하나 있다. 그러나 세 문장을 보고 누가 가장 한국어를 잘하는 학습자냐고 묻는다면 오류가 없는 예1)의 학습자를 가장 잘하는 학생이라고 말할 수는 없다. 이 문장의 예로 보건데 학습자의 언어 수준은 오류의 수와는 관계가 없을 수도 있다. 예1)은 정확성의 측면에서는 만점이겠지만 유창성이나 복잡성에서는 예2)나 예3)에 비해 떨어진다. 예2)는 정확성의 점수는 만점을 줄 수 없지만 유창성에 있어서는 가장 점수를 잘 받을 수 있을 것 같고, 예3)의 학습자는 가장 복잡한 언어 형태를 사용한 학습자이다.[2] 그렇다면 누가 가장 한국어를 잘하는 학습자일까? 정확성의 측면에서 본다면 예1), 유창성의 측면에서 본다면 예2), 복잡성의 측면에서 본다면 예3)인데, 모든 기준을 다 적용해 보면 어떻게 될까?

위의 예를 통해 드러난 바와 같이 학습자의 언어 발달을 무엇으로 측정해야 하느냐에 대한 문제를 해결하는 방법으로 다양한 논의가 진행되어 왔다. 문법적 능력을 측정하기 위해 오류가 없는 어절을 전체 어절의 비율과 비교해서 정확성을 측정하기도 하고, 종속절을 더 많이 사용하는 학습자가 더 언어 능력이 발달한 학습자라는 전제로 복잡성을 측정하는 것으로 발달을 보려는 시도를 하기도 한다. 유창성의 경우는 보통 문장의 산출량과 산출 속도와 관련이 되어 있는 개념인데 쓰기와 말하기에서 다른 지

---

2 학습자에 따라서 고급의 학습자임에도 불구하고 예1)의 정확한 문장을 생산할 수 있는데 이는 학습자들이 언어 산출을 할 때는 상황에 따라 산출 목표가 다르기에 어떤 때는 정확성, 어떤 때는 복잡성에 초점을 두며 학습자의 성격적 특성에 따라서도 정확하고 간단한 문장을 좋아하는 학습자가 있고 복잡한 문장을 좋아하는 학습자가 있다는 점도 인정한다.

표로 측정된다. 학습자가 언어 자료를 위의 기준을 적용하여 복합적으로 살펴보는 것은 하나의 관점으로 언어 능력을 파악하지 않고 균형 잡힌 시각을 갖도록 해 준다는 측면에서 의의가 있다.

그렇다면 왜 학습자는 세 가지 기준이 함께 발달하지 않는 것일까? 이 질문에 대한 대답을 찾아보는 것이 심리언어학이나 정보처리이론에서 제2언어 습득을 보는 관점이다. 이 관점에서는 의미 생성을 위해 언어 형태를 선택할 때 정확하면 유창하지 않거나 유창하면 정확함을 잃어버리는 이유는 동시에 의미와 형태에 집중할 수 있는 정보의 처리 용량이 부족하기 때문이라고 본다. 정보처리이론에서 언어 형태를 습득했다는 것은 자동화돼서 사용이 가능하다는 것이며 자동화된 것들이 많으면 처리 용량이 늘어나서 점점 복잡한 문장의 사용이 가능하게 된다.

위의 세 가지 측정 기준으로 언어 자료를 연구하는 것은 학습자의 언어 발달을 정확성이라는 하나의 측면으로 보지 않고 유창성과 복잡성을 함께 고려한 언어 능력의 발달을 볼 수 있는 시각을 준다는 점에서 의의가 있다. 또한 같은 수준의 학습자의 언어 사용이 특정 과제나 특정 언어 활동에 따라 어떻게 달라지는가를 볼 수 있는 방법이라는 점에 있어서도 매력적이다. 그러나 복잡성이나 유창성 측정의 비슷한 척도들이 여러 연구마다 달리 사용되고 있고, 같은 복잡성을 측정하는 지표라고 할지라도 어떤 것은 언어 능력이 발달하면서 지표가 좋아지지만 어떤 것들은 아니라면 측정의 신뢰성과 타당성의 확보를 위해 무엇이 언어 발달의 복잡성이나 유창성을 측정하는 지표인지에 대해서는 여전히 연구할 거리가 남아있다고 하겠다.

5. 언어 학습의 상대방은 학습자에게 어떤 역할을 할까: 상호작용 분석과 대화 분석

외국어를 배워 본 사람이라면 누구나 대화 상대방이 누구냐에 따라 내 외국어 수준이 달라지는 경험을 해 본 적이 있을 것이다. 어떤 때는 명확하지 않던 문법 형태가 대화 상대자의 말 안에서 힌트를 얻어 '아, 이럴 때 이렇게 사용하면 되는구나.'라는 깨달음을 얻게 된다. 어떤 때는 잘 사용하던 문법과 어휘가 상대방이 낯을 찡그리는 것을 보면 '내가 잘못 말하고 있는 건 아닐까?'라는 생각에 그 다음에 어떻게 말해야 할지 모르고 당황하기도 한다. 어떤 사람과 이야기를 하느냐는 외국어 혹은 제2언어 사용자가 자신의 언어 수준을 끌어올리는 계기가 되기도 하고 알던 것도 잘 사용하지 못하게 되기도 한다. 언어 학습의 궁극적인 목적이 의사소통이라면 의사소통의 상호작용적 대화 상황에서 왜 이런 일이 일어나는가에 대해 관심을 가질 수밖에 없다.

학습자 언어 연구에서 한 학습자가 혼자 생산해 낸 언어 자료 안에서의 특성을 밝혀 보려고 한 것이 앞에서 살펴본 모든 방법들이 가지고 있는 공통점이라면 상호작용 분석과 대화 분석은 한 학습자의 언어 자료가 혼자 생산해 내는 것이 아니라 상대방과의 작용 안에서 어떻게 변화하고 있는가를 살펴보는 방법이다. 물론 앞에서 살펴본 방법들도 의사소통의 상황이라는 측면을 염두에 두고 분석하는 것이 가능하겠지만 여기에서 살펴볼 상황은 의사소통 상황 안에서 서로 어떤 상호작용이 이루어지고 있는가에 대한 분석이라는 측면에서 본질적으로 언어 자료를 보는 관점이 다르다고 할 수 있다.

상호작용에 대한 관심으로의 언어 교육의 전환은 어떤 측면에서는 행동주의와 인지주의를 넘어 사회 구성주의의 교육 철학적 기반으로 언어의 발달을 보는 것과 무관하지 않다. 학습자는 언어를 습득할 수 있는 학습자의 내적 체계 안에서만 언어 발달이 이루어지는 것이 아니라 상대방이 어떤 자극을 주느냐에 따라서 학습의 결과가 달라진다는 Vygotsky의 사회 구성주의가 언어 분석에도 영향을 미친 것이다. 심리학의 정보처리 이론과 교육학의 사회 구성주의의 관점은 언어 학습의 입력과 출력에 관심을 갖는다는 점에 있어서는 일치하지만 이것으로 언어 습득의 문제를 다루는 데 있어서는 분석의 핵심을 달리한다. 정보처리이론에서는 처리의 용량과 자동화로 언어 발달의 문제를 설명하면서 학습자의 선택을 설명하는 이론에 관심을 갖는다면 상호작용을 통해 언어 발달을 보는 관점에서는 어떻게 입력을 조정하는 것이 학습자의 언어 능력을 발달시킬 수 있는가에 관심을 갖는다. 그래서 상호작용 이론은 Krashen의 입력 이론(i + 1)에 근거한 제2언어 습득 이론과 이에 근거한 입력의 조정에서 출발한다고 보며, Long의 상호작용 가설은 상호작용을 통한 입력의 재조정이 의미 협상(negotiation)을 통해 이루어질 때 언어 습득이 가능하다고 본 것이다.

　상호작용 분석은 주로 교육적 활동 안에서 나타나는 상호작용의 유형이 어떻게 언어 사용과 습득에 영향을 미치는가에 대한 연구로 나가게 되었으며 교사로서 상호작용을 촉진하는 과제에 관심을 가지게 하였다. 언어 연구로서 본다면 이런 측면에서 상호작용 양상을 대화 상황에서 상대방과 주고받는 언어적 전략과 그 전략을 사용하기 위해 사용하고 있는 언어 형태에 초점을 맞추어 분석하게 된 것이다.

　대화 분석은 상호작용 분석이 주로 언어 장치의 분석에 초점을 맞추는 것과는 달리 언어 형태 사용 안에 담겨 있는 대화자 간의 대화 유지 수단에 대한 분석이라고 할 수 있다. 대화 분석은 애초의 출발이 언어 연구가 아닌 사회학의 연구 방법이었다. 대화 분석은 사람들 사이의 대화에서 일어나는 다양한 현상을 사회학적으로 분석해 보려는 시도에서 출발한 만큼 학습자 언어의 발달 단계를 측정한다기보다는 언어 습득과 사용 양상에서 나타나는 학습자들의 대화 유지 및 문제 해결 전략을 파악하는 데에 필요한 방법이라고 할 수 있다. 어떻게 말차례를 이어가는가의 문제나 잘못된 이해나 산출에 대한 수정 방식, 그리고 대화의 인접쌍에서 어떠한 방식으로 반응하는가와 같은 대화의 구조를 분석함으로써 학습자들이 모어 화자와 대화를 이어가는 방식이라든지, 이해가 어려울 때 대화를 유지하는 방식과 같은 것에 통찰을 제공할 수 있다. 이런 점에서는 대화 분석은 분석을 통해 학습자의 상태를 파악하는 것도 의미 있지만 이 귀납적 통찰을 통한 발견이 언어 자료 분석을 위한 상호작용 연구에 활용 가능한 분석 틀을 제공할 수 있다는 측면에서 연구의 의의가 있다고 본다.

참고문헌

Bley-Vroman, R. (1983). The comparative fallacy in interlanguage studies: The case of systematicity. *Language Learning,* 33: 1-17.

Brown, R. (1973). *A first language: The early stages.* Cambridge, MA: Harvard University Press.

Cancino, H., E. Rosansky & J. Schumann(1978). 'The acquisition of English negatives and interrogatives by native spanish speakers in E. Hatch(ed.): *Second Language Acquisition: A Book of Readings.* Rowley, MA: Newbury House.

Dulay, H. & M. Burt(1973). Should we teach children syntax? *Language Learning,* 23, 245-258.

Halliday, M. (1975). *An Introduction to Functional Grammar.* London: Edward Arnold.

Selinker, L. (1972). Interlanguage. *International Review of Applied Linguistics,* 10, 209-241.

제2장
언어 자료 수집 방법과 연구 자료 선택

1. 어떤 연구 자료를 가지고 있는가 : 연구 자료 모으기

 학습자의 연결 어미 습득의 순서를 연구하고 싶다는 주제로 찾아온 석사 학생에게 어떤 자료를 가지고 있냐고 물어보니 아직 자료가 없다고 한다. 그럼 어떻게 자료를 모을 거냐고 물어 보니 학생들에게 연결 어미를 잘 사용하는지 테스트를 해서 순서를 정할 거라고 한다. 불가능한 것은 아니지만 이렇게 모은 자료로 연구 주제에 맞게 습득 순서를 정하는 것은 쉽지 않은 일이다. 한두 번의 테스트 자료는 한 시점에서 모을 수 있는 자료이며 한 시점의 사용으로 순서를 정하기 위해서는 자료 수집 대상을 넓히거나 다른 수집 방법을 첨가하지 않는다면 이 자료로 이 주제의 연구를 하는 것은 쉽지 않다.
 연구를 한다는 것은 연구 목적과 주제에 맞는 자료를 가지고 타당한 방법으로 분석을 하면 된다는 점에서는 매우 단순한 절차이다. 그런데 막상 연구를 하려고 하면 흥미 있는 연구 주제를 선정했음에도 불구하고 연구 자료를 모을 수 없는 경우가 있고 오랜 기간 어렵게 자료를 모아 왔는데 막상 그 자료에서는 내가 보고 싶은 특정 문법 형태가 나타나지 않는 경우가 있다. 학습자의 언어 자료를 연구하기 위해 연구 자료로 모으는 것은 어떤 측면에서는 연구 주제보다 더 중요하다. 많은 연구자들이 연구 자료가 없어서 연구하지 못하는 것이지 연구 주제가 없어서 연구를 못하지는 않기 때문이다.

언어 자료 안에서 학습자의 언어 발달의 양상을 보기 위한 연구를 한다면 이상적으로 어떤 자료가 좋을지에 대해서는 우리 모두 알고 있다. 오랜 기간 언어 학습을 하는 동안의 자료를 시기적으로 규칙적으로 모을 수 있다면 그것을 시기별로 나눠서 특정 현상을 분석하면 되기 때문이다. 그러나 연구를 계획하고 그 연구를 해야 졸업을 하거나 발표를 해야 하는 상황에서는 오랫동안 연구 자료를 모을 수 있는 시간이 없다. 그래서 이상적인 자료 모으기를 포기하고 빠르게 구할 수 있는 자료나 이미 있는 자료를 이용하는 연구 방법으로 연구 계획을 수정할 수밖에 없다. 그것도 불가능한 경우에는 연구 주제를 바꿔서 내가 쉽게 구할 수 있는 자료로 연구의 방향을 돌리게 된다. 무엇이 우선순위인가를 논하는 것은 큰 의미가 없긴 하지만 개인적으로 연구자로서 연구의 과정을 돌아본다면 자료가 있으면 연구의 진행 과정이 수월하지만 자료가 없는데 이것을 수집하면서 연구를 진행할 때는 연구하기가 배는 어려운 느낌이다. 그래서 특히 언어 연구자에게 연구 자료는 평소에 보살피고 가꾸어 나가야 하는 자산이라 하고 싶다. 때로는 연구 목적에 맞는 자료를 수집해야 하는 경우도 있지만 대부분은 특정 연구를 하지 않을 때도 기회가 된다면 언어 자료를 모으라고 제안하고 싶다. 여기서 말하는 언어 자료란 대체로는 학습자의 쓰기나 말하기 자료이다. 물론 아무리 자료를 가지고 싶어도 학습자를 만날 기회가 없는 연구자라면 이건 불가능하다. 그래서 현장에 있는 언어 교사라면 언어 자료 수집의 측면에서는 연구자로서 장점이 있다.[1]

학습자의 언어를 분석하는 연구를 하기 위해서 만약 연구 방법을 모른다면 배우면 되지만 연구 자료가 없으면 연구를 할 수가 없다는 사실을 기억하자.

2. 종적 연구의 자료와 횡적 연구의 자료는 다른가: 연구 방법 선택하기

언어 분석 연구에서 종적 연구(longitudinal study)와 횡적 연구(cross-sectional study)는 시간의 흐름에 따른 변화가 나타난 언어 자료를 사용하느냐 아니냐에 따른 구분이라 할 수 있다. 종적 자료는 학습자가 시간의 변화에 따라 어떻게 언어 발달이 이루어지고 있는가를 볼 수 있는 자료라면 횡적 자료는 특정 순간에 수집된 자료이다.

전형적인 종적 연구의 자료는 학습자가 사용한 언어 자료를 일정 간격을 두고 수집하여 적어도 일 년 이상의 언어 사용 양상을 살펴볼 수 있는 자료라고 할 수 있다. 이 종적 자료에서 특정 문법 형태의 빈도를 보는 빈도 분석이나 이 형태가 수행하는 기능에 초점을 맞춘 형태-기능 분석이 가능하며 이를 통해 학습자의 습득 단계에서 나타나는 형태 사용의 정확성과 형태를 선택해서 습득해 가는 내재적인 체계의 파악이 가능하다.

---

1 물론 요즘은 교실에서 학생들의 자료를 연구에 마음대로 사용할 수 없다. IRB(Institutional Review Board)의 허락이 필요한 경우도 많고, 최소한 학습자의 동의서를 받아야 하는 절차가 있다.

또한 이러한 종적 자료의 정확성이나 학습자의 자료의 발달을 보기 위해 정확성이나 유창성, 복잡성의 분석을 통해 어떤 언어 발달 양상이 드러나는지를 볼 수 있다.

종적 자료를 수집할 때 어떤 자료를 수집할 것인가에 따라 볼 수 있는 언어 사용 양상은 다르다. 자연스럽게 2주일에 한 번씩 만나서 구어 자료를 녹음해 가면서 모은 자료와 학습자에게 자연스런 주제 혹은 정해진 주제로 글을 쓰게 한 자료는 각각의 자료의 특징이 구어냐 문어냐의 문제로만 연구 방법이 달라지는 것은 아니다. 자료에서 드러난 문법이나 기능 형태에 따라 특정 형태를 볼 수 있기도 하지만 볼 수 없는 것도 있기 때문이다. 종적 자료를 분석하는 것은 매우 유용한 발달의 추세를 보게 해 준다는 점에서 장점이 있으나 이런 방법으로 자료를 모으는 것은 시간과 노력이 많이 들기에 많은 학습자를 대상으로 할 수 없다. 종적 자료로 이루어진 연구는 그래서 한두 명 혹은 서너 명의 자료를 수집하게 되고 이것은 연구 결과의 일반화에 문제를 제기하게 된다. 그러나 종적 연구는 일반화에 목적이 있는 것은 아니며, 한 명의 연구 자료를 통해 성공적으로 습득의 양상을 밝힌 연구자들도 있으므로 학습자의 숫자가 언어 분석 연구의 성패를 결정하는 것은 아니다.[2]

반면에 횡적 자료는 다수의 학습자들을 대상으로 특정한 시점에서 연구 자료를 모아서 그 사용 양상을 분석하는 것이다. 종적 연구 자료가 대

---

[2] 한 명의 자료라도 오랜 기간 잘 모을 수 있다면 언어 발달을 살펴보는 중요한 자료가 된다는 점을 강조하고 싶다. 언어 습득 연구에 있어서 대표적인 연구자들은 한 명의 연구자를 오랜 기간 만나면서 연구를 했고 그 연구로 언어 습득의 중요한 시사점을 주는 가설을 발표했다. 예를 들어 Richard Schmidt(1990)는 일본인 언어 학습자 Wes 한 명의 언어 자료를 분석하다가 알아차림 가설(Noticing Hypothesis)을 발표하게 된다.

체로 자연스런 언어 사용 자료라면 횡적 연구의 자료는 유도된 자료이다. 특정 문법 형태의 산출을 염두에 둔 통제된 출력을 유도하는 자료이다. 단일 시점에 많은 학습자들의 자료를 모을 수 있다는 점에서 장점이 있으나 학습자 개개인의 자료가 아니라 익명의 그룹의 자료로 사용되기에 대체로 연구 가설에 근거해서 양적인 기술에 치중하게 된다.

그러나 많은 언어 연구에서는 횡적 자료를 사용한 발달 연구를 수행하는데 이는 학습자의 언어 수준에 따른 몇 개 그룹의 자료를 분석하면서 그것을 발달의 과정으로 보는 방법을 취하고 있다. 이런 방법은 횡적 자료를 사용했지만 종적 결과를 제시하고 있기에 이를 횡적 자료를 사용한 유사 종적 연구로 본다. 예를 들면 초급 학습자들이 나타내는 현상과 중급, 고급 집단의 학습자들이 나타내는 현상을 함께 살펴보면서 학습자의 발달 단계에 따른 언어 형태 혹은 기능의 차이점을 보고 한국어 학습자들의 초·중·고급에서 나타나는 언어 사용 양상의 발달이나 차이로 해석하는 것이다. 오류 분석 연구를 시작으로 이 책에서 소개한 대부분의 연구는 횡적 연구 자료를 집단별로 모아서 분석하는 유사 종적 연구의 형태를 띨 수도 있다. 학습자 언어 연구는 대체로 언어 사용 양상을 학습자의 언어 수준에 따라서 살펴보는 것이 일반적이기에 이 연구 방법이 가장 전형적인 형태일 수도 있다. 만약에 언어 수준에 따른 비교가 아니라면 보통은 학습자의 언어권이나 기타 학습자 그룹의 특성을 나타내는 변인에 따른 차이를 볼 수밖에 없는데 언어 연구라는 측면에서 연구자들이 가장 궁금해 하는 문제는 특정 언어 현상이 언어가 발달되어 가면서 어떻게 변화하느냐를 보는 것이기 때문이다.

유사 종적 연구가 종적 연구와 가장 다른 점은 대체로 종적 연구는 특정 개인의 문제 안에서 언어 발달과 변이를 볼 수 있어서 질적 연구 방법을 취하고 있는 것에 비해, 유사 종적 연구는 양적으로 빈도를 세거나 비율을 비교해서 상대적 차이를 검증하고 있다는 점이다. 자료 수집 방법에 있어 종적 연구는 개인의 자연스런 산출물을 수집하는 것이라면 횡적 연구는 유도된 자료 수집 방법을 사용한다. 다음 절에서 이 유도된 방법에는 어떤 것이 있는가를 살펴보겠다.

3. 필요한 자료는 어떤 방법으로 모을까: 연구 자료 수집 방법

오류 분석 연구를 하기 위해 특정 시제의 사용 양상을 보고 싶다고 하자. 그런데 자연스런 발화나 글쓰기에서는 특정 시제가 한 사람당 하나도 나오지 않았다면 어떻게 연구를 할 것인가? 앞에서 자연스런 학습자의 산출물을 수집하는 것이 언어 발달을 보는 좋은 방법이라고 이야기했지만 학습자와 하루 종일 일 년 내내 같이 있지 않는 한 내가 보고 싶은 연구 자료를 얻어 내는 것은 쉽지 않은 일이다. 하나의 주제에 대한 연구를 하기 위해 최선의 자료를 얻기 위해 노력을 하지만 최선의 자료라는 것이 완벽한 자료를 말하는 것은 아니다. 현실적으로 할 수 있는 최선의 자료를 얻을 수 있는 방법을 찾아가는 것이 연구자가 해야 할 일이다. 앞의 주제를 탐색해 보기 위한 방법은 학습자들에게 시제를 사용할 수 있는 과제를 던져주고 시제의 변화 양상을 살펴보는 것이다. 묘사하는 글쓰기가 아니라 서사를 하는 글쓰기를 한다면 시제의 사용이 명백하게 많아질 것이며, 자유 글쓰기가 아니라 문법성 테스트와 같은 시제 사용의 정확성 여부를 물어보는 자료를 사용하는 것이 시제 사용 양상을 알아보는 데에는 더 빠르고 정확한 방법이다. 이 절에서는 몇 가지의 유도된 자료를 얻는 방법을 설명하고 그것을 언어 분석 연구에 적용시켜 가면서 설명하려고 한다.

(1) 쓰기 자료 수집

쓰기 자료는 대체로 글의 주제를 정해 주고 모으기에 유도된 자료가 된다. 물론 학습자들이 자발적으로 써온 글을 모을 수도 있지만 그런 경우는 극히 드물다. 특정 학습자를 대상으로 종적인 자료를 모을 거라면 학습자의 상황에 맞는 간격을 정해야 한다. 정기적으로 수집이 가능한 경우라면 연구의 목적에 따라 쓰기 과제의 유형과 주제를 정하여 수집한다. 학습자의 정확성과 유창성과 복잡성은 쓰는 글의 주제에 따라서 달라질 수 있으므로, 전반적인 언어 능력을 관찰하고 싶다면 다양한 주제와 장르의 글을 모으는 것이 좋다.

횡적 연구나 유사 종적 연구를 위해 특정 그룹을 대상으로 쓰기 자료를 모은다면 초·중·고급의 비교를 위해서도 같은 유형의 글을 비교해 보는 것이 연구의 타당성을 높일 수 있다. 물론 초급 학습자들에게 고급의 주제로 쓰게 하는 것은 불가능하지만 일상적인 주제의 글이라면 초급부터 고급까지 그 주제로 글을 쓸 수 있다.

쓰기 자료는 학습자의 언어 발달을 가장 쉽게 분석할 수 있는 자료이며, 대부분의 언어 분석 자료를 사용한 연구는 쓰기 자료를 분석한 것이다. 그러나 쓰기 자료의 종류와 양에 따라서 어떤 연구를 할 수 있는지는 달라질 수 있다.

(2) 문법성 판단 테스트

직접적으로 특정 문법 항목의 사용 양상을 보고 싶다면 문법 항목을 주고 그 항목을 사용해서 문장을 만들 것을 요구할 수 있다. 또한 문법 형태의 의미나 기능에 따라 특정 오류가 달라지는 양상을 구체적으로 보고 싶다면 각 형태의 의미나 기능에 따른 상황을 만들어서 이에 답하게 하는 문법성 판단 테스트 자료를 얻을 수 있다. 자연스런 산출물에 비해 유도된 자료의 경우에는 될 수 있으면 학습자들이 그 문법 항목의 사용을 시험 보는 것은 아니라고 느껴야 평소의 사용이 나타난다. 무엇을 측정하는지를 알게 된다면 그것에 대한 문법적 지식을 최대한 동원한 대답을 하게 되므로 학습자의 표현 언어 능력과는 다른 결과가 나올 수도 있다. 그래서 보통 문법성 판단 테스트를 할 때는 혼란을 주는 항목을 함께 넣어서 무엇을 보고자 하는지를 감추는 장치를 취한다. 이 자료는 필수 경우 분석을 위한 연구 자료로 적합하며 때에 따라 오류 분석을 위한 연구에 사용될 수 있다.

필수 경우 분석은 습득의 순서를 결정하는 목표가 가장 큰 연구의 목적이므로 연구 대상이 되는 형태가 들어있는 자료를 찾아야 한다. 가장 쉬운 방법은 각 형태를 사용한 문법성 판단 테스트를 수행하는 것이다. 정확한 사용을 결정하는 것이 주요한 방법이므로 각 형태의 사용이 한 번이 아니라 적어도 4번 정도는 나오도록 해야 정확하게 사용한 비율의 계산이 타당성을 갖게 될 것이다. 물론 학습자의 자연스런 자료에 나타난 것으로 필수 경우 분석을 시도할 수도 있다. 그러나 현실적으로 많이 사용되는 문법 형태가 아니고서는 모든 학습자들에게서 이를 찾아보는 것은 쉽지 않기에 문법성 판단 테스트를 만들어 연구를 수행하는 것이 더 일반적이다.

(3) 인터뷰 자료

구어로 연구를 진행하고자 한다면 교사는 학습자와의 인터뷰 자료를 수집해야 한다. 인터뷰는 자유로운 말하기로 진행할 수도 있지만 보통은 인터뷰 질문을 준비하게 되므로 질문의 수준에 따라 반구조적 인터뷰나 구조적 인터뷰를 진행하게 된다.

인터뷰 자료는 두 가지로 사용가능하다. 하나는 인터뷰 자료를 그대로 전사해서 학습자의 구어 사용 양상을 살펴보는 언어 자료로 사용할 수 있기에 쓰기 자료와 마찬가지로 필요에 따라 주제를 정해서 말하게 할 수 있다. 학습자의 인터뷰 자료를 일정 간격으로 수집하여 구어 발달 연구에 사용할 수 있다. 인터뷰 자료에 교사와 학습자의 대화 양상이 잘 드러난다면 상호작용 분석에 이용할 수 있다.

인터뷰를 할 때 학습자에게 특정한 사항에 대해 왜 그와 같은 사용을 하고 있는지 물어보고 이를 분석하여 학습자 산출물의 원인을 파악하는 보조 자료로 사용이 가능하다. 때때로 이와 같은 방법은 자극된 회상(stimulated recall)이라는 용어로 사용되는데 언어 활동의 과제 수행 중에 자신이 사용한 언어를 수행이 끝난 후에 특정 활동을 보여주면서 이유를 물어보는 방법이다. 자극을 하지 않고 그냥 사후 인터뷰를 진행할 수도 있으며 어떤 방법이든지 이것은 학습자 활동의 결과에 대한 추가적인 정보가 필요할 때 쓰는 것이다.

(4) 대화 자료

상호작용 분석이나 대화 분석은 혼자 수행하는 언어활동이 아니라 상대방을 앞에 두고 서로 간의 상호작용이나 의사소통 전략을 연구하는 것이므로 두 명 이상의 학습자들의 대화가 필요하다. 대화 자료를 얻을 수 있는 몇 가지 방법이 있다. 다음의 자료는 학습자들 사이의 대화로 수집할 수도 있고 학습자와 교사, 학습자와 원어민 사이의 대화로도 가능하다.

▶ 정보 차 활동

학습자들이 서로 다른 정보를 가지고 정보 차 활동을 하게 하면서 상호 간에 어떤 의사소통을 하고 있는지를 파악해 볼 수 있다. 어떤 정보 차 활동을 하게 하느냐에 따라 상호작용 분석과 대화 분석이 가능하다. 정보 차 활동을 위한 활동지는 주로 그림이나 사진을 사용하며 문자 정보가 보조적으로 이용된다. 말하기의 의사소통 활동이란 넓게 보면 정보 차 활동의 일환이다. 특정 과제가 주어졌다는 점에서 자연스런 대화를 분석해야 하는 대화 분석의 자료와 다를 수 있으나 언어 교육에 사용되는 자료라는 측면에서 자료의 한계를 인정하고 분석을 진행하기도 한다.

▶ 역할극

기능-형태 분석에서 분석을 요하는 변인을 통제하고 싶을 때 역할을 정해 놓은 역할극의 자료를 사용할 수 있다. 학습자들이 대화를 하는 상대가 누구냐에 따라 언어 기능의 사용에서 어떤 장치를 바꾸어 사용하느냐를 볼 수 있는 방법이다.

기능-형태 분석뿐만 아니라 상호작용 분석이나 대화 분석도 역할극의 자료를 사용할 수 있다. 가장 통제적으로 원하는 자료를 얻을 수 있다는 것이 장점이나 실제적인 자료가 아니라는 점이 자료의 한계이다.

(5) 담화 완성형 테스트 (DCT: Discourse Complete Test)

화행 분석을 위한 기능-형태 분석은 학습자가 수행하는 화용론적 기능 혹은 담화 기능을 관찰하기 위한 것인데 이 기능의 수행은 대화 상대방이 누구냐에 따라 달라진다. 한국어의 경우에 상대방이 나이가 많으냐 적으냐에 따라 달라지는 것은 말할 것도 없고, 상대방의 지위, 상대방과의 친소, 수행하는 과제의 특성에 따라 발화의 격식성에서부터 전략의 사용까지 다양한 변이가 존재한다. 특정 기능을 수행하는 언어 형태를 살펴보기 위해서는 보고 싶은 변인을 통제한 담화 완성형 테스트를 만드는 방법이 가장 편리하게 원하는 자료를 얻을 수 있는 방법이다. 편리한 방법이라고 해서 가장 쉽다는 것은 아니다. 담화 완성형 테스트는 보통 15개 내외의 상황으로 구성되어야 학습자 응답의 진정성을 기대할 수 있으므로 연구의 초점을 잘 생각해서 필요한 상황으로 문항을 구성하는 것이 가장 어려운 점이다.

4. 학습자 말뭉치(corpus)는 모든 연구를 가능하게 하는가: 말뭉치 기반 연구

학습자 말뭉치란 학습자의 언어 자료를 대규모로 모아 놓은 자료이다. 학습자 말뭉치가 있다면 언어 분석 연구에 새로운 장이 열리게 된다는 것은 두말할 필요도 없다. 우선 말뭉치는 컴퓨터로 조작되고 분석되기에 대용량의 처리가 단번에 가능한 장점이 있으며, 말뭉치의 규모는 개인이 수집할 수 있는 언어 자료의 샘플과는 비교할 수 없이 크기 때문에 통계적 분석을 시도할 경우에 가설 검증에 유리하다.

한국어 학습자의 말뭉치가 구축 중에 있으며 일정 부분은 사용할 수도 있다.[3] 이미 구축되어 있는 세종말뭉치와 같은 모어 화자의 말뭉치와 비교한 연구도 가능할 뿐만 아니라 학습자 말뭉치의 경우는 기본적인 오류 태깅이 되어 있기에 학습자 그룹에 따른 특정 오류의 빈도와 비율은 쉽게 구할 수 있다. 말뭉치를 이용해서 학습자 언어를 분석하는 것이 편리해지면서 한국어 학습자의 언어 자료 분석 연구의 비약적인 발전이 가능

---

3 국립국어원 한국어 학습자 말뭉치 나눔터(https://kcorpus.korean.go.kr/)에 들어가면 구축된 한국어 학습자 말뭉치를 사용하여 언어 사용 양상을 볼 수 있다.

할 것이라고 생각된다.

　학습자 말뭉치가 만들어진 지금 시점에서 학습자의 언어 자료를 따로 모은다는 것의 의미가 퇴색되는 것은 아닐까 하는 걱정을 할 수도 있을 것이다. 그러나 말뭉치를 통해 사용 양상이나 오류를 보는 것은 학습자의 언어 현상을 보는 여러 가지 방법 중 하나일 뿐 말뭉치가 있다고 해서 모든 언어 습득의 문제를 해결할 수 있는 것은 아니다. 말뭉치의 분석 틀을 잘 활용한다면 대용량의 자료에서 언어권, 언어 수준, 특정 자료의 유형에 따른 일반적인 양상을 비교 분석하는 것은 쉽게 할 수 있다. 그러나 이미 자료가 주어져 있고 누구나 접근 가능하다는 것은 또 한편으로는 거기에서 무엇을 어떻게 보고 어떻게 해석할 것인가에 있어 연구자의 관점이 중요해진다. 말뭉치를 통해 오류 분석이나 빈도 분석을 단순히 해 보는 작업은 쉽게 누구나 할 수 있을 것이다. 하지만 그것이 의미하는 바가 무엇인가를 해석하기 위한 이론적 근거와 가설 검증을 위한 작업을 위해서 연구 분석 방법의 장단점을 알고 있는 것이 더 중요할 수 있다는 것이다.

　한편으로는 학습자 말뭉치에 태깅된 오류는 모든 오류가 태깅된 것이 아니며 내가 보고 싶은 오류 분석 틀로 태깅되어 있지도 않다. 또한 태깅된 정보에는 기능 정보는 없다는 점을 기억해야 한다. 형태가 의미하는 기능을 위해서는 개인적으로 다시 자료를 가공해야 한다. 물론 모아 놓은 자료에서 태깅을 하는 것은 모으는 수고는 줄여준다는 점에서 예전에 비해 연구자의 자료 접근성이 높아진 것은 사실이다. 그러나 형태-기능 분석이나 기능-형태 분석을 위해 자료를 사용할 때 대용량의 자료에서 뽑아서 일일이 태깅하는 것과 필요한 자료를 유도해서 수집하는 방법 중에 어떤 것이 연구를 진행하는 데에 수월할지는 판단하기 힘들다. 무엇보다도 상호작용과 대화 분석은 현재까지 모은 학습자 말뭉치 자료로는 분석이 가능하지 않다.

 말뭉치 연구의 가장 큰 단점의 하나는 참여자를 내가 통제할 수 없고, 내가 보고 싶은 과제를 사용할 수 없다는 점이다. 다행히 내가 보고 싶은 과제와 상황이 말뭉치에 주어져 있다면 문제가 없지만 특정 장르나 상황이 필요하다면 학습자 말뭉치를 사용하는 것이 불가능하다. 또 하나 이미 있는 자료를 가공하지 않고 사용한다고 마음을 먹으면 말뭉치를 만드는 일에 참여하지 못한 연구자들은 이미 말뭉치를 만들 때 참여한 연구자들이 태깅해 놓은 자질들에 따라서만 연구가 가능하다는 점도 하나의 단점이다.

 그럼에도 불구하고 말뭉치를 활용하는 것은 학습자 언어 자료의 수집이 어려운 연구자들에게 새로운 연구 자료의 지평을 열어준 것임에는 분명하다. 학습자 말뭉치를 활용하라. 말뭉치를 활용하면 오류 분석과 빈도 분석은 쉽게 해 볼 수 있다. 그리고 그 자료들을 내가 다시 태깅한다면 형태-기능 분석도 가능하고, 학습자의 수준에 따라 정확성, 복잡성도 계산해 볼 수 있다. 학습자 말뭉치 안에서 내가 새롭게 볼 수 있는 것이 무엇이 있을까를 생각해 낼 수만 있다면 연구 자료를 수집하는 시간을 줄일 수 있고 내가 얻을 수 있는 최대치의 자료를 활용할 수 있다.

제2부

학습자 언어 자료 분석 방법

**제1장
오류 분석**

(Error Analysis)

1. 오류 분석 방법 및 분석 절차

1) 분석의 목적

 오류는 학습자가 언어를 학습해 가는 과정 중에 발생되는 것으로 오류 분석은 학습자의 언어에서 나타나는 반복적이고 체계적인 언어 사용 양상을 밝혀 학습자의 언어 발달 단계를 파악하고 그 발달 과정과 오류 생성의 원인을 분석하는 데에 목적이 있다.
 Corder(1967)에 따르면 오류 분석은 교사와 연구자, 학습자에게 모두 중요하다. 다시 말해 교사와 연구자, 학습자가 오류 분석의 목적을 다른 관점에서 중요하게 인식한다는 것이다. 교사에게 있어 오류 분석의 목적은 학습자가 학습한 것과 학습하지 못한 것을 구분하는 것이다. 그리고 이를 통하여 교사는 교수 활동의 효과와 효율을 높일 수 있게 된다. 학습자에게 오류 분석의 목적은 목표 언어의 규칙을 발견해 내는 데에 있다.

학습자는 자신의 오류에 대한 교사의 피드백을 통하여 자신의 오류를 인식하고 목표 언어 규칙을 학습할 수 있게 된다. 연구자의 경우 학습자의 언어 자료를 분석하여 학습자의 언어 학습 과정을 밝히고자 하는데 이때 오류 분석의 목적은 언어 학습 과정에 대한 설명의 근거를 발견하는 것이 된다.

2) 분석 자료

Ellis & Barkhuizen(2005)에 따르면 오류 분석 자료는 학습자가 생산한 모든 자료로 이 자료는 크게 '학습자(learner) 변인, 언어적(language) 요인, 산출(production) 조건'에 따라 구분된다. 학습자 변인은 숙달도 등급(초급, 중급, 고급), 언어적 배경(모국어, 제2외국어), 언어 학습 배경(교수에 의한 학습, 자연적 학습, 교수와 자연적 학습의 복합)의 세부 요소로 나뉜다. 언어적 요인은 표현 수단(구어, 문어), 장르(대화, 이야기, 에세이 등), 내용(담화의 주제)의 세 가지로 구분된다. 산출 조건은 담화가 계획된(통제된) 것인지 그렇지 않은 것인지로 나누어 볼 수 있다. 학습자 변인, 언어적 요인, 산출 조건에 따라 수집된 학습자의 오류 자료가 다를 수 있으므로 연구자는 수집된 언어 자료의 특성이 학습자 언어의 본질과 관찰된 오류를 구분하는 데에 영향을 줄 수 있다는 것을 인식하고 있어야 한다.

〈표 1〉 학습자 언어 자료에서 학습자의 오류에 영향을 주는 요인
(Ellis & Barkhuizen, 2005)

요인	세부 기술
A 학습자 변인	
1 숙달도 등급	초급, 중급, 고급
2 언어적 배경	학습자의 모국어, 제2외국어
3 언어 학습 배경	교수에 의한 학습, 자연적 학습, 교수와 자연적 학습의 복합
B 언어적 요인	
1 표현 수단	구어, 문어
2 장르	대화, 이야기, 에세이(작문) 등
3 내용	담화의 주제
C 산출 조건	
1 무계획	자발적으로 생산된 담화
2 계획	계획되거나 통제된 조건 하에 생산된 담화

3) 분석 절차

Corder(1974)는 오류 분석 수행 과정을 다음의 다섯 가지로 나누었다.

(1) 학습자 언어 자료 수집
(2) 오류의 식별
(3) 오류의 기술
(4) 오류의 설명
(5) 오류 평가[1]

다음은 각 단계별로 수행해야 하는 내용들이다.

---

1 오류 평가는 교수되어야 하는 심각한 오류가 무엇인지를 결정하기 위한 과정이다. 학습자 오류 분석 연구에서 오류 평가가 차지하는 비중은 적고 오류의 심각성을 판단하는 것 자체가 불가능하다는 비판을 받아 1980년대 이후에 사멸하였다.

(1) 학습자의 언어 자료를 수집한다.

연구자가 오류 분석을 위하여 언어 자료를 수집할 때 크게 두 가지 접근이 가능하다. 첫 번째 접근은 연구자가 설정한 연구 문제에 따라 세세하게 학습자 변인, 언어적 요인, 산출 조건을 통제하여 분석 자료를 수집하는 방법이다. 이때 연구자는 언어 자료 수집 과정에서 세 개의 요인 중 하나가 다른 대조군을 만들어 자료를 수집하고 해당 요인의 영향을 조사할 수 있다. 예를 들어, 연구자가 국내 한국어교육 기관에서 유학 중인 중국인 초급 학습자(학습자 변인)의 계획된 논설문 쓰기 과제(언어적 변인, 산출 조건)에 나타난 오류를 분석할 때 언어적 배경만을 달리한 일본인 초급 학습자의 자료와 비교하여 언어적 배경이 학습자의 오류에 미치는 영향을 살펴볼 수 있다. 자료 수집의 또 다른 방법은 학습자 변인, 언어적 요인, 산출 조건을 유연하게 설정하여 조금 더 일반적인 학습자의 오류 분석 자료를 수집하는 것이다. 하지만 이 경우 연구자는 연구 과정에서 각 요인들의 효과 역시 살펴볼 수 있도록 수집된 언어 자료 각각에 상세한 정보를 포함시켜야 한다.

(2) 오류를 식별한다.

오류의 식별을 위해서는 학습자의 언어 자료와 동일 문맥에서 모국어 화자가 생성한 언어 자료를 비교하는 과정이 필요하며 이를 위해서 다음과 같은 과정을 거쳐야 한다.

① 모국어 화자가 생성한 언어 자료 수집
② 학습자의 언어 자료 모두에는 오류가 있다는 가정 하에 학습자의 언어 자료를 모국어 화자의 것과 비교하면서 오류가 없는 것은 조직적으로 제외

③ 오류로 보이는 것과 올바르게 재구성된 형태의 다른 점 분석

다음의 예는 노르웨이인 한국어 초급 학습자가 국내 대학 부설 한국어 교육 기관에서 10주 동안의 초급2 과정을 마친 후 치른 기말 말하기 시험에서 자신의 방학 계획을 말한 구어 자료의 일부이다. 시험은 교사와의 1:1 자유 대화 방식으로 진행되었으며 시험 약 10일 전에 시험 예상 질문이 학습자에게 제공되었다.

(1-1) 이번 방학에 남자친구 *만나러과 여행하러 뉴질랜드에 가기로 했어요.

이 언어 자료는 다음과 같은 형태로 재구성될 수 있다.

(1-2) ㄱ. 이번 방학에 남자친구 ∨만나고 여행하려고 뉴질랜드에 가기로 했어요.
ㄴ. 이번 방학에 남자친구 ∨만나러…, 그리고 여행하러 뉴질랜드에 가기로 했어요.
ㄷ. 이번 방학에 남자친구 ∨만나러 뉴질랜드에 가기로 했어요. 그리고 여행도 하려고 해요.

이 모든 재구성형들은 조사 '-와/과'의 오류를 식별하는 역할을 한다. 하지만 여기에서의 문제는 학습자가 의도한 형태가 무엇인지를 학습자에게 물어보지 않는 이상은 알 수 없다는 것이다. James(1998)가 강조한 것처럼 대부분의 학습자 오류에는 학습자가 의도한 바가 무엇이었는지가 명시적으로 드러나지 않아 정확하게 재구성하기가 어렵다. 또한 Ellis & Barkhuizen(2005)은 더 큰 문제는 '가능'한 언어적 형태지만 모국어 화

자가 '선호'하는 형태가 아닌 경우를 연구자가 오류로 판단할 것인지를 결정하는 것이라고 하였다. 완전한 오류와 모어 화자에게 선호되지 않는 형태의 사용은 이분법적 관계라기보다는 연속적인 것이라는 점에서 오류를 판별하는 데에는 주관적인 판단이 들어갈 수밖에 없다.

(1-3) ㄱ. 우리(저와 남자친구는 성격이) *달라지만 비슷해요. 그래서 잘 *어울리는 것 같아요. (가능한 형태)
ㄴ. 우리 ∨다르지만 비슷해요. 그래서 잘 ∨맞는 것 같아요. (선호되는 형태)

위의 예문에서 보는 것처럼 가능한 형태 '잘 어울리다'는 문장 안에서 명백히 오류라고 판단하기는 어렵다. 그러나 이것이 오류가 아니라고 보기도 어렵다.

오류인가 아닌가의 판단은 오류의 범위나 영역을 어디까지 볼 것이냐와도 관련이 된다. Lennon(1991)은 오류의 영역(domain)을 오류를 식별하기 위해 고려해야 하는 문맥의 너비(단어, 구, 절, 앞 문장, 또는 확장된 담화)라고 정의하였으며 오류의 범위(extent)는 오류를 바로잡기 위해 재구성되어야 하는 구성 단위의 크기로 보았다. 아래 문장 (1-4)에서 오류의 영역은 [ ]로 나타내고 오류의 범위는 이탤릭체로 표시하였다. 이 문장의 오류는 식별이 용이하나 영역과 범위가 커지면 오류 식별이 쉽지 않다.

(1-4) 연어가 *유명하는데 저는 연어를 잘 안 먹어요. 그런데 [사람들이 노르웨이..., 노르웨이 연어가 맛있다고 *들었어요.]

(3) 오류를 기술하고 오류의 빈도를 기록한다.

오류의 기술은 학습자 언어의 표면적 특성에 초점을 맞춰 학습자가 생성한 형태와 원어민의 화자가 생성한 형태의 차이를 명시하는 것이다. Corder(1974)는 오류 기술의 두 단계를 식별된 오류를 부호화하기 위한 기술적 범주를 개발하는 단계와 각각의 범주에 해당하는 오류의 빈도를 기록하는 두 단계로 나누었다.

오류의 기술적 범주를 설정할 때 오류 분류 체계는 체계적이고 상세히 오류를 기술할 수 있어야 한다. 기술적 범주는 목표 언어의 기술적 문법에 기초한 '언어학적인 분류 체계'와 오류가 있는 발화나 문장에서 표면 구조들이 변경되는 방법에 기초한 Dulay, Burt & Krashen(1982)의 '표면 구조의 분류 체계'가 사용되어 왔으며 이 둘을 조합하여 기술하는 것도 가능하다(James, 1998).

언어학적인 분류 체계는 주로 목표 언어의 기술 문법에 기초한 범주에 기반을 둔 것이다. 예를 들어 오류의 영역을 음운론, 형태론, 통사론, 의미론, 화용론과 같은 큰 언어학적인 범주 안에서 살펴보고 다시 그 안에서 하위 범주로 나누어 기술해 보는 방법이다. 그러나 Ellis & Barkhuizen(2005)은 기술 문법보다는 학습자의 언어 자료에서 발견된 오류들을 반영하는 범주 설계가 우선시되어야 함을 강조하였다.

표면 구조 분류 체계는 오류가 있는 발화나 문장에서 목표 언어의 형태, 즉 표면 구조들을 어떠한 방법으로 변형하였는지에 따라 오류를 크게 누락(omission), 첨가(addition), 오형성(misformation),[2] 잘못된 순서

---

2 조철현(2002)에서는 Dulay, Burt & Krashen(1982)의 misformation을 구조나 형태소에 대한 잘못된 형태로 목표어에 존재하는 여러 형태군 중 하나의 요소가 그 군의 다른 요소를 대표하는 것으로 인식하여 잘못 사용하는 것으로 '잘못된 변

(misordering)로 나눈다.

 누락은 사용의 복잡성 때문에 학습자가 특정 항목을 사용하지 않는 것이다. 이러한 누락에는 내용어 누락과 형태소 누락이 있다.

 학습자는 특정 형태를 사용하지 않기도 하고 불필요한 요소를 추가적으로 사용하기도 하는데 후자에 해당하는 것이 첨가의 오류이다. 첨가는 다시 규칙화(regularization)와 중복 실현(double marking), 단순 첨가(simple addition)로 세분화 된다. 규칙화는 특정 언어적 구조에서 어떠한 형태를 사용해야 할지에 대해 학습자가 혼란을 느낄 때 규칙적인 형태를 사용해야 할 곳에 불규칙형을 적용하거나 역으로 불규칙적인 형태가 사용되어야 할 상황에 규칙형을 적용하는 오류 형태를 말한다. 단순 첨가는 담화를 구성하는 데에 있어서 불필요한 요소를 단순히 추가적으로 사용하는 것이다.

 오형성은 잘못된 형태소나 언어적인 구조를 사용하는 것을 말한다. 이는 규칙화(regularization), 아치 형태(archi-forms), 대치(alternating forms)로 나뉜다. 규칙화는 불규칙으로 변하는 형태를 사용해야 하는 언어 구조에 규칙형을 사용하는 것을 말한다. (영어 예: She *runned(∨ran) so fast.) 아치 형태는 상위 범주에 포함된 여러 하위 범주를 학습자가 필요에 따라 변별적으로 사용하지 못하고 하나의 형태를 모든 다른 상황에

형'으로 번역하였으며 '잘못된 선택'으로 볼 수 있다고 하였다. 그리고 층위를 바탕으로 본 오류 범주에서는 misformation을 어휘적 오류에서 차용이나 신조어를 사용함으로써 목표어에 존재하지 않는 단어를 만들어 내는 형태를 만드는 것으로 보고 '오형성'이라 번역하였다. 석주현·안경화(2003)에서는 Dulay, Burt & Krashen(1982)의 misformation을 오형성(오형식)으로 번역하였다. 강현화 외(2017)의 오류 주석 체계에서는 misformation을 활용이나 곡용을 잘못하여 다른 이형태를 사용한 경우로 보고 철자를 잘못 사용한 경우를 포함시켜 '오형태'로 번역하였다.

적용하는 경우를 말한다. (영어 예: *that(∨those dogs) 대치는 학습자가 상위 범주에 포함된 여러 하위 범주를 배우게 되는 과정에서 필요한 상황을 구분하지 못하고 사용에 혼동을 느껴 오류를 범하는 것을 말한다. (영어 예: *those(∨that) dog, *this(∨these) cats)

잘못된 순서는 형태소의 위치를 잘못 사용하는 것을 말한다. (영어 예: What daddy *is doing? What ∨is daddy doing?)

다음의 〈표 2〉는 Dulay, Burt & Krashen(1982)의 오류 표면 구조 분류 체계에 따른 한국어 학습자의 오류의 예시를 보인 것이다.

〈표 2〉 오류의 표면 구조 분류 체계 (Dulay, Burt & Krashen, 1982)

분류 체계		예시
누락		*어디 공부했어요? (∨어디에서 공부했어요?)
첨가	규칙화	저는 *어제에[3] 도서관에 갔어요. (저는 ∨어제 도서관에 갔어요.)
	중복 실현	남자 친구는 저보다 어린데 *오빠처럼인 것 같아요. (∨오빠 같아요) *좋은 예의가(∨예의가) 아니에요. 시간이 *없었어서(∨없어서) 못 했어요.
	단순 첨가	제 *친구의(∨친구) 앤디 씨는 미국 사람이에요.
오형성	규칙화	한국은 여름에 너무 *덥어요.(∨더워요) 좋은 친구들과 함께 *놀으면(∨놀면) 수줍음이 없어요.
	아치 형태	*저가(∨제가) 친구들이 저를 왜 이상하게 보는지 이해 못 해요.
	대치	6월 13일*에서(∨부터) 20일까지 여행을 갔습니다. 비가 올 것 같아서(∨같으니까) 우산을 가지고 가세요.

---

3 규칙화는 예외를 간과하거나 적용해야 하지 말아야 할 곳에 규칙을 확장시킨 경우를 말하는데 이 예시에서는 시간 명사 뒤에 사용되는 '-에'를 적용해서는 안 되는 '어제' 뒤에 써 오류를 범한 것으로 보았다.

잘못된 순서	*안 운동했어요.(√운동 안 했어요) *못 운동해요.(√운동 못 해요.)

James(1998)는 Dulay, Burt & Krashen(1982)의 오류의 표면 구조 분류 체계에서 두 형태 중 어느 형태가 필요한지 확신하지 못하는 학습자에게 나타나는 '혼합(blends)'의 오류를 추가해야 한다고 제안하였다.[4]

다음은 한국어 학습자의 구어 발화에 나타난 혼합 오류의 예이다. 학습자는 '*한지'와 '*하는 게' 중 어느 형태가 올바른 형태인지 모르고 혼합하여 사용하였지만 모두 올바른 형태(√하는지)를 사용하는 데에는 실패한 혼합의 오류를 보였다.

(1-5) 어떻게 한국말 *한지..., 한국말 *하는 게 몰랐는데 한국 사람들이 생각보다 영어 잘해서 괜찮았어요.

언어학적인 분류 체계와 표면 구조의 분류 체계를 결합한 분류 체계도 있다(Burt & Kiparsky, 1972). 이 방법은 주로 언어학적 범주의 측면에서 기술되었지만 표면적 구조 범주를 사용하여 언어학적 범주 내의 상이한 오류 유형을 구분하였다.

다음의 표는 한국어 학습자의 오류[5]를 기술한 예이다. 이 예를 통해

---

4 조철현(2002)은 James(1998)의 '혼합'의 오류를 자신의 의도를 잘 나타낼 수 있는 것과 의미상 연결되어 있는 것 중에 어느 것을 선택할까를 경쟁적으로 고민하다가 그 어떤 것의 선택에서도 실패한 경우라고 설명하였다.
5 해당 과제는 국내 대학 부설 한국어교육 기관 초급1 단계, 총 10주의 정규과정 수업 중 5주차에 중간 말하기 시험으로 진행된 것 중 하나이다. 과제는 네 컷의 그림을 보고 자유롭게 하나의 이야기를 만들어 1분 30초 내에 혼자 이야기하는 것이다. 학습자는 20대 초반 중국인 여성이다. 학습자에게는 2분의 준비 시간이 주어졌으며 준비 시간에 내용을 쓸 수는 없었다.

학습자가 생성한 대부분의 오류가 '조사'와 관련된 '오형성(misinformation)'임을 알 수 있다.

〈표 3〉 오류 기술의 예

학습자 발화문	재구성형	언어학적 분류 체계	표면 구조 분류 체계
어제 제가 [길에서] [걸다가] [휴대폰Ø] 떨어졌어요.	어제 제가 길을 걷다 휴대폰을 떨어뜨렸어요.	목적격 조사 '을' 동사-어근 주격 조사 '이'	오형성 오형성-규칙화 생략
[그렇게 보니까]. 휴대폰 보니까 깨졌어요.	그런데 휴대폰 보니까 깨졌어요.	접속 부사 '그런데'	오형성
[수리하고 싶은데] [거기에서] 새로운 [휴대폰가] 많이 있어요.	수리하고 싶었는데 거기에 새로운 휴대폰이 많이 있었어요.	선어말 어미 '-었-' 부사격 조사 '에' 주격 조사 '이'	오형성-규칙화
LG 휴대폰도 있고, 삼성 휴대폰도 있고, 아이폰도 있어서 [사고, 사고 싶어요.]	LG 휴대폰도 있고, 삼성 휴대폰도 있고, 아이폰도 있어서 (사고,) 사고 싶었어요.	보조 형용사-과거 시제	오형성
이 [휴대폰가] [수리, 수리할 있다고, 있다고, 있냐고 물었어요.]	휴대폰을 수리할 수 있냐고 물었어요.	목적격 조사 '을' 보조적 연결어미 '냐고'	오형성 혼합
너무 [기버써. 기뻐요.]	너무 기뻤어요.	형용사-과거시제	오형성
하지만 [휴대폰 전화 비용가] 모자라서 [총전했어요.]	하지만 휴대전화 요금이 모자라서 충전했어요.	주격 조사 '이' /ㅜ/의 발음	오형성
[가방에 가방에] [열다 보니까] 돈이 없어서 너무 [스퍼요.]	가방을 열어 보니까 돈이 없어서 너무 슬펐어요.	목적격 조사 '을' 보조적 연결어미 '어' 받침 'ㄹ' 발음	오형성 오형성 생략

〈표 4〉 오류 빈도

오류 범주	빈도	비율(%)
가. 언어학적 체계		
1. 조사	7	50.0
목적격 조사	3	21.4
주격 조사	3	21.4
부사격 조사	1	7.1
2. 용언	3	21.4
동사 어근	1	7.1
형용사	1	7.1
보조 형용사	1	7.1
3. 연결어미	2	14.3
보조적 연결어미	2	14.3
4. 발음	2	14.3
모음	1	7.1
받침	1	7.1
나. 표면적 분류 체계		
1. 생략	2	15.4
2. 첨가	0	0
3. 오형성	10	76.9
4. 잘못된 순서	0	0
5. 혼합	1	7.7

(4) 오류를 설명한다

오류를 설명하는 것은 오류가 발생한 원인을 밝히는 것으로 언어 습득 연구의 관점에서 보면 오류 분석에서 가장 중요한 단계다. Corder(1974)는 오류(errors)와 실수(mistakes)를 구분하여야 한다고 했는데 오류는 제2언어 지식 내의 빈틈에서 발생하는 것이고 실수는 완전히 숙달되지 않은 형태를 처리하는 과정에서 발생하는 것으로 보았다. 그러나 Ellis & Barkhuizen(2005)는 교육학적, 이론적 관점에서 오류와 실수가 모두 중요하다고 본다. 오류와 실수를 구분하는 한 가지 방법은 학습자가 특정 형태를 사용할 때 오류를 반복하는지를 확인하는 것이라고 하였다. 앞서 언급했던 노르웨이인 학습자는 말하기 시험 중에 다음 (1-6)과 (1-7)과 같은 문장을 발화하였다.

(1-6) 진혁은 *활발하는데(∨활발한데) 저는 안 그래요.
(1-7) 연어가 *유명하는데(∨유명한데) 저는 연어를 잘 안 먹어요.

위의 예시에서 해당 학습자의 발화에는 연결어미 '-는데'의 부정확한 형태가 반복적으로 나타나고 있으므로 학습자는 해당 형태 사용에 있어서 실수가 아닌 오류를 범하고 있다고 볼 수 있다. 그러나 학습자의 '유명하다'나 '활발하다'의 반복적 사용 양상을 관찰해서 특정 단어에서 반복적인 부정확한 형태 사용이 나타날 때만을 오류로 본다고 엄격하게 정의할 경우 해당 학습자가 연결어미 '-는데' 사용에서 오류를 범한 것인지 실수를 한 것인지 정의하기는 쉽지 않다.

오류를 설명하기 위해서 학습자가 목표 언어의 형태를 습득하기 위해 어떠한 과정을 적용하는지를 살펴보면서 오류의 원인을 파악하는 방법은 전통적으로 언어 간 오류와 언어 내 오류로 나누어 원인을 달리 본다.

두 방법은 이전에 배운 지식이나 경험이 이후 학습에 영향을 미쳐 옮겨가는 현상이라는 것에서는 공통되나 그 출발점이 모국어와 목표어 어느 쪽이냐에서 차이가 있다. 오류가 모국어 지식의 영향을 받은 것은 언어 간 오류라고 하며 이는 제2외국어 학습 초기 단계에서 많이 발생한다. 반면에 목표어 학습 단계가 올라가면서 초기에 목표어를 배울 때 쌓인 기초 지식이 이후의 학습에 영향을 주어 나타나는 오류는 언어 내 오류로 볼 수 있다.

언어 간 오류에는 전이(transfer)와 차용(borrowing)이 있다. 전이는 목표어 학습에 모국어의 '지식'을 가져와 적용하는 것이고 차용은 목표어의 '형태'를 그대로 사용하는 것이다. 다시 말해, 전이는 중간언어 체계에 모국어의 문장 구조나 문법 규칙 등을 개입시켜 발생되는 오류이며 차용은 의사소통 전략으로 모국어를 일시적으로 그대로 가져와 사용하는 것이다.

전이는 긍정적인 전이, 부정적 전이, 무전이로 구분된다. 긍정적 전이는 모국어와 목표어 간의 유사성으로 인해 목표어 학습이 촉진되는 것으로 유용(facilitation)이라고도 하고, 그 반대의 경우로 학습에 장애 요인이 되는 것은 부정적인 전이에 해당되며 부정적인 전이는 간섭(interference)이라고 한다. 무전이는 두 학습이 관련되어 있지 않을 때 간섭이 일어나지 않는 경우를 말한다.[6]

언어 내 오류는 목표어의 불완전한 학습에 기인한 것으로 목표어 내에서의 규칙에 어려움을 느끼거나 규칙 적용 방법에 혼동을 느낄 때 이미 학습 과정을 거쳐 알고 있는 목표어의 규칙을 과대 적용 시켜 발생되는 오류를 말한다. 언어 내 오류는 학습자의 모국어가 무엇인지와는 관계없이 그 언어를 배우는 학습자들의 보편적인 학습 전략에 의하여 발생되는 오류이다. James(1998)는 이러한 학습 전략을 다음과 같이 정리하였다.

① 잘못된 유추(false analogy)

새로 학습된 항목이 이전에 학습된 항목과 동일한 방식으로 활용될 것이라고 생각하는 경우이다. 아래 예문에서와 같이 공부하다, 숙제하다, 농구하다 등과 같이 '해요'를 붙여 새로 학습한 동사 어휘의 활용형을 만

---

6 Ellis & Barkhuizen(2005)는 전이와 차용의 구분보다 중요한 것은 학습자가 이러한 오류를 범하는 이유가 무엇인지를 밝히는 것이라고 하였다.

들 수 있다고 잘못 유추한 경우를 들 수 있다.

(1-8) 한국에 와서 친구를 많이 *사귀했어요. (∨사귀했어요.)

② **오분석**(misanalysis)

학습자가 학습 과정에서 제2외국어 항목에 대해 잘못된 직관이나 가설을 세우는 경우를 말한다.

이를테면 '명사+하다'로 끝나는 모든 단어들이 동사라고 가정하여 잘못된 언어 형태를 만들어 내는 경우가 있다.

(1-9) 그 식당은 김치찌개가 *유명하는데요.(∨유명한데요)

③ **불완전한 규칙 적용**(incomplete rule application)

지나친 일반화와는 반대로 환경에 따라 달라지는 규칙을 적용하지 못한 경우이다.

(1-10) 저는 한국에 *살습니다.(∨삽니다)

④ **형태소의 과잉 사용**(exploiting redundancy)

이 오류는 형태소와 표현에 지나치게 공을 들여 불필요한 것들을 장황하게 사용하는 것을 말한다. 아래 (1-11)의 글은 학습자에게 '직장 내에서 흡연자들에게 임원 승진, 해외 주재원 선발, 해외 지역 전문가 선발 시 등에 불이익을 주는 것'에 대해 찬반 의견을 쓰도록 한 것이다. 학습자의 글에서 "*흡연자들~ 생각한다'의 문장은 논리적 의견 개진에는 다소 불필요한 문장으로 과잉 사용의 오류로 볼 수 있다.

> (1-11) 흡연자도 한 회사에서 열심히 일하는 회사원이고 비흡연자보다 뛰어난 능력을 가지고 일을 더 열심히 하는 경우도 있는데 단지 흡연한다는 한 가지 이유만으로 승진을 못하거나 *비흡연자와 너무나 다른 차별을 받는다면 너무 억울할 것이고 자신감도 점점 없어질 것이다.
> 아주 좋은 방법으로는 흡연자들이 담배를 스스로 끊는 것이 가장 좋겠지만 끊는 것이 힘들고 많은 시간이 필요한 사람들을 위해 회사에서 더 좋은 방법으로 제도를 만드는 것이 좋다고 생각한다. *흡연자들 모두 자신의 건강을 위해 될수록이면 흡연하지 않는 것이 제일 좋다고 생각한다.

⑤ **공기관계 제약 간과**(overlooking co-occurrence restriction)

문장 맥락에 적절하지 않은 단어(유의어)나 단어 형태를 잘못 사용하는 경우이다.

> (1-12) *이미(∨벌써) 집에 가려고?
> (1-13) 승무원: 도착까지 8시간 남았어요.
> 　　　　승객: *오래(∨많이) 남았네요.
> (1-14) *고민하기를(∨고민하는 것을) 얘기해 보세요.

⑥ **과도한 수정**(hypercorrection/monitor overuse)[7]

학습자가 자신이 목표어를 올바르게 사용한다는 것을 보여주려다 범

7　Ellis & Barkhuizen(2005)에는 과잉 의식 어법(hypercorrection/monitor overuse)가 언급되어 있지 않으나 James(1998)는 학습자의 전략에 기반한 오류 유형으로 이를 포함하여 총 7개를 제시한 바 있다.

하는 발음이나 형태 사용의 오류이다.

(1-15) 선생님이에요. [*선생님이에요/∨선생니미에요]

⑦ **과잉 일반화 혹은 단순화**(overgeneralization or system-simplification)

목표 언어에 두 개나 그 이상의 형태가 존재하는 경우 학습자가 사용의 부담을 줄이기 위해서 하나로 대체하여 단순화하는 것(어휘, 시제 등)을 말한다.

(1-16) 운동화 *입었어요(∨신었어요).
(1-17) 지난 주말에 집에서 *자요(∨잤어요).

살펴본 바와 같이 오류의 원인을 규명해 보고 유형화해 보았으나 이것이 쉬운 작업은 아니다. 오류를 설명해 내는 것이 결코 쉬운 일이 아니며 모든 오류의 본질이 모두 규명된 것은 아니기 때문에 오류의 원인을 확인하고 어떠한 오류인지를 결정할 때는 주의를 기울여야 한다. 오류의 본질을 파악하고 오류를 설명하는 과정에서 연구자의 주관이 개입될 수밖에 없고 오류의 본질 자체가 다양한 측면에서 해석될 가능성도 있다. 즉, 오류의 설명은 오류의 본질 자체가 하나로 정의되기 어렵고 그 접근법이 무궁무진하다는 것으로 귀결된다고 볼 수 있다.

2. 한국어교육의 오류 분석 연구 경향

이 장에서 살펴본 학습자의 오류 분석 자료 분류에 따라 최근 3년간 한

국어교육 분야에서 이루어진 한국어 학습자의 오류 분석 연구들을 살펴보았다.[8]

학습자 오류에 영향을 주는 첫 번째 요인은 '학습자' 요인으로 이것은 언어 숙달도, 언어적 배경, 언어 학습 배경으로 구분해 볼 수 있다. 한국어교육에서의 오류 분석 연구를 살펴본 결과, 숙달도를 기준으로는 초·중·고급 전체(한송화, 2016; 한송화, 2018; 유민애, 2018 등)를 대상으로 한 연구가 가장 많았으며 언어권별로는 중국어권 한국어 학습자를 대상으로 한 연구(김정선, 2017; 이금영, 2017; 윤은경, 2018 등)가 주를 이루었고 대다수의 연구가 국내 대학 부설 한국어교육 기관이나 대학(원)에서 교수에 의하여 한국어를 배운 학습자를 대상으로 한 것들이었다(이명화, 2017; 지현숙, 2017; 최은지, 2017; 정주리·유해준, 2018 등). '학습자'의 특성에 따른 한국어 오류 분석 연구는 숙달도 등급을 제외하고는 언어권과 언어 학습 배경에 따른 편중 현상이 나타났다. 특히 언어 학습 배경 기준으로는 교수·학습 환경에 노출된 적이 거의 없이 자연적 환경에서 한국어를 학습한 학습자(재외동포나 재외국민 등)나 교수와 자연적 학습이 복합된 환경에서 한국어를 학습한 학습자를 대상으로 한 오류 분석 연구가 부족했다.

학습자의 오류에 영향을 미치는 '학습자의 언어' 요인은 세부적으로 표현 수단, 장르, 내용으로 구분할 수 있다. 표현 수단 요인은 다시 구어와 문어로 나뉘고 내용은 담화의 주제에 따라 구분된다. 한국어 학습자의 오류 분석 연구에서 주를 이룬 표현 수단은 문어였으며 장르는 주제별로

---

8 분석을 위하여 한국어 학습자의 오류 분석과 관련된 학술지 논문들을 한국교육학술정보원(KERIS) 데이터베이스에서 '한국어 오류 분석'을 키워드로 수집하였다. 오류 분석 연구는 너무 많기에 다 살펴볼 수 없었고 최근의 경향만 제시하기로 하였다.

는 구분되지 않았고 학습자의 숙달도 등급을 고려하여 선정되었다. 강현화(2017)에 따르면 그간 한국어교육 분야의 오류 분석 연구에서 오류 주석 체계 분류는 오류 위치(품사), 오류 양상(대치, 누락, 첨가 등), 오류 층위(발음, 문법, 어휘/의미, 담화 등), 오류 정도(전체적, 부분적), 오류 영역(단어, 구, 문장)에서 이루어졌고 하위 분류에서는 연구 간에 차이를 보였다. 또한 이전 오류 분석 연구는 자료 수집 및 가공의 용이성과 경제적·시간적 한계로 소규모의 언어 자료와 문어 자료에 편중된 경향을 보였으나(강현화, 2017) 최근에는 국립국어원에서 구축된 대규모 학습자의 말뭉치를 활용한 LCR(learners corpus research)와 구어 자료를 활용한 오류 분석 연구(강현화, 2017, 조민하, 2017; 유문영, 2018; 유민애, 2018; 장미정, 2018; 주정정, 2018; 한송화, 2018 등)가 꾸준히 증가하고 있는 추세이다.

마지막으로 학습자의 언어 자료는 '산출' 조건에 따라 자발적으로 생성된 것과 통제되거나 계획된 것으로 나뉜다(Ellis & Barkhuizen, 2005). 한국어 학습자의 오류 분석 연구의 대부분은 연구자가 학습자에게 특정 주제나 상황을 제시하여 수집된 자료를 연구 대상으로 삼고 있었으며 학습자가 자발적으로 생성한 언어 자료에 대한 오류 분석 연구는 찾아보기 어려웠다.

3. 오류 분석 방법의 실제

여기에서는 앞서 살펴본 Ellis & Barkhuizen(2005)의 기준에 따라 분류한 한국어교육 분야의 오류 분석 연구들 중 특히 그 연구가 미진하였던 것들을 중심으로 자세히 살펴보도록 하겠다.

3.1. '학습자 변인- 언어 학습 배경' 요인을 기준으로 한 학습자 언어 자료 대상 연구

> 이정연(2017). 「CIS 지역 재외동포 학습자들의 한국어 쓰기 특성 연구-요구 조사와 오류 분석을 중심으로」, 『언어와 언어학』 76권, 99-136.

앞서 언급한 바와 같이 '학습자' 변인을 기준으로 살펴보면 한국어교육 분야에서는 언어 학습 배경 측면에서 언어 교육 기관 밖의 학습자를 대상으로 한 연구가 많이 이루어지지 않았다.

1) 분석 대상

이 연구는 국내 대학 부설 한국어교육 기관에서 한국어를 학습한 CIS 지역의 초·중급 재외동포를 대상으로 하였는데 학습자의 등급은 초·중급이며 남학생 6명, 여학생 14명이었다. 이 연구는 언어 학습 배경이 다양한 재외동포를 대상으로 하였다는 점에서 다른 연구들과 차별된다.

2) 분석 절차에 따른 실제적 분석 방법

(1) 언어 자료 수집

이 연구는 설문 조사의 형태로 학습자들의 언어 학습 배경 및 수업에 대한 요구 조사를 실시하고 두 차례에 걸쳐 작문 시험을 실시하여 총 40편의 쓰기 자료를 수집하였다. 시험 문제는 초·중급은 경험담, 소개를 주제로 하는 설명문을 대상으로 삼았고 중·고급은 칼럼, 비평문과 같이 자신의 생각을 논리적으로 전개하는 논설문을 위주로 살펴보았다.

(2) 오류의 식별과 기술

이 연구에서는 시험 작문에 나타난 학습자의 오류 양상을 미시적(어휘, 문법, 철자, 문장 부호, 대치, 누락, 첨가 등) 관점과 거시적(구성, 문단, 주제, 문체) 범주로 나누어 기술하였다. 그리고 이 범주를 기준으로 학습자들이 생산한 글에서 오류문을 추출할 때 James(2013)의 표기 방식을 참고하여 오류가 있는 부분을 정문으로 수정하면서 오류 유형을 분류하였다.

(3) 오류의 설명(분석 결과)

분석 결과 거시적 오류는 단락의 유기성, 주제의 명확성, 텍스트 구성, 문체의 통일성 순으로 오류 양상이 많은 것으로 나타났다. 급별로는 2급은 텍스트 구성, 3급은 단락의 유기성, 4급은 주제의 명확성에서 오류가 가장 많은 것으로 나타났다.

미시적 오류는 조사, 어휘, 어미, 철자 오류의 순으로 나타났는데 2급은 조사, 어미, 어휘, 철자 순으로 3급은 조사, 어휘, 철자, 어미의 순으로 4급은 어휘, 조사, 어미, 철자 순으로 오류가 나타났다. 구체적으로는 조사는 부사격 조사, 주격 조사, 보조사, 관형격 조사 순으로 오류가 많았는데 부사격 조사는 '에'와 '에서'의 대치 오류가 수적으로 두드러졌으며 주격 조사와 목적격 조사의 경우는 누락 오류가 가장 많았다. 어미 오류는 종결 어미, 연결 어미, 전성 어미 순으로 오류가 나타났는데 종결 어미 오류는 2급과 3급이 4급에 비하여 그 수가 많았고 4급에서는 관형사형 전성 어미 오류가 많았다. 어휘 오류는 4급에서 가장 많이 나타났으며 철자 오류는 3급에서 가장 많았다. 그리고 일반 한국어 학습자보다 구어의 영향을 받은 주격, 목적격 조사 생략이나 구어체 종결어미와 구어체 표현 사용 양상이 2, 3급에서 많이 나타났다.

3) 연구의 의의와 한계

이 연구는 설문조사를 통하여 일반 학습자들과는 차별되는 재외동포 학습자의 언어적 배경과 학습 요구를 상세하게 살펴보고 미시적 오류에 한정되어 있었던 선행 연구들의 한계를 넘어 거시적 관점에서의 오류까지 포함해 분석을 실시하였다는 점에서 그 의의가 있다. 하지만 연구 대상이 CIS 지역의 초·중급 학습자로 연구 범위가 한정적이고 연구 자료의 양이 적다는 한계가 있다. 언어적 배경 요인이 다른 학습자와의 비교를 통하여 언어적 배경이 그들의 오류와 언어 학습에 미치는 영향을 살펴본다면 더욱 실제적이고 구체적인 재외동포 학습자 대상의 언어 사용 양상과 교육적 함의를 더할 수 있었을 것으로 보인다.

3.2. '언어적 변인- 표현 수단' 요인을 기준으로 한 학습자 언어 자료 대상 연구

> 강현화(2017). 「중국인 한국어 학습자 말뭉치에 나타난 중간언어 분석 연구」, 『언어 사실과 관점』, 41권, 5-47.

언어 요인의 측면에서는 대규모 언어 자료를 바탕으로 한 구어 오류 분석 연구나 구어와 문어를 함께 살펴본 연구가 미진하였다.

1) 분석 대상

연구 대상은 국립국어원에서 구축된 1급에서 6급까지의 대규모 한국어 학습자의 구어와 문어 말뭉치[9] 중 형태 주석 말뭉치와 오류 주석 말뭉치 약 77만 어절이며 구어가 약 7만, 문어가 약 70만 어절이다. 전체 학습자 중 중국인 학습자의 비중은 약 40%에 해당된다.

2) 분석 절차에 따른 실제적 분석 방법

(1) 언어 자료 수집

이 연구의 대상이 되는 구어와 문어 형태 주석 말뭉치 77만 어절은 국내 대학 부설 한국어교육 기관에 재학 중인 1~6급의 다양한 언어권의 어학 연수생으로부터 수집된 것이다. 수집 방식은 시험 작문, 과제 작문과 주제 작문, 백일장으로 이루어졌으며 장르는 문어의 경우 생활문, 편지글, 논설문, 설명문 등이며 구어는 인터뷰, 발표, 내러티브로 이루어졌다.

(2) 오류의 식별과 기술

오류의 기술은 상세한 주석 지침에 대해 훈련 받은 한국어교육 분야 대학원 전공자들에 의하여 진행되었다. 문어와 구어 자료는 3단계의 검수를 거쳤으며 시스템 기반의 데이터 신뢰도 검증을 통해 데이터 신뢰도를 높였다.

세부 기술 지침에 따라 학습자가 생산한 어절 중 오류로 판정되는 것

---

[9] 국립국어원 말뭉치는 국내 거주 어학 연수생, 유학생, 이주민을 대상으로 수집된 구어와 문어 자료이다. 이를 위하여 14개의 대학 기관, 다문화가족지원센터, 사회통합프로그램 운영 기관 등 20개의 이주민 교육 기관의 협조를 받았으며, 원시 말뭉치와 형태 주석 말뭉치, 오류 주석 말뭉치로 구성되어 있다(강현화 외, 2017).

을 표지화 하여 오류 위치별(형태소 주석표지별), 오류 양상별(누락, 첨가, 대치, 오형태), 오류 층위별(언어학적)로 나누어 오류를 분석하였다. 문어는 문장 단위를 기본으로 하고 구어 자료는 억양 단위로 끊어서 판정하였다.

중국어권 학습자의 형태 표지별 중간언어 양상 분석은 중국인 학습자의 오류와 비오류를 포함한 학습자의 중간언어를 대상으로 구어와 문어로 나누어 전체 학습자와 비교하여 분석하였다.

(3) 오류의 설명(분석 결과)

중간언어 양상을 분석한 결과를 살펴보면 중국인 학습자는 문어 실질어휘 사용에 있어 대명사와 수사, 감탄사의 사용은 다른 언어권 학습자보다 높게 나타났고 기능어휘의 경우 종결 어미를 제외한 모든 어미의 사용률이 낮게 나타났다. 구어의 경우도 문어 사용 양상과 큰 차이를 보이지 않았다.

문어에서의 오류 위치별 분석 결과 실질어휘 오류는 전체적으로 전체 학습자와 비슷한 양상을 보였으나 고유명사, 감탄사의 오류는 적고 체언 접두사에서는 상당 비중의 한자성 접두사의 침입적 오류를 포함하여 오류율이 높게 나타났다. 또한 문법과 연계되는 기능어휘에서 많은 오류를 보였으며 전체 학습자와 달리 숙달도별 편차가 심하게 나타났는데 초급에서는 전체 학습자와 비슷한 수준을 보이다가 중급에서 기능 어휘 오류가 매우 두드러지고 고급에서 다시 전체 학습자와 비슷한 수준으로 돌아오는 강한 U자형 곡선 형태를 보였다.

구어에서의 오류 위치별 분석 결과 실질어휘의 중국인 학습자의 오류율이 전체 품사에서 모두 높게 나타났으나 특히 관형사 오류가 많았다.

기능어휘의 분석 결과는 문어와 유사했는데 특히 구어에서는 목적격, 부사격, 접속 조사의 오류가 두드러졌으며 어미에서는 전성 어미 오류가 많았다. 숙달도별로는 2~4급에서 구어 사용 오류가 상대적으로 높게 나타났다.

  오류 양상 분석 결과 전체 학습자와 큰 차이를 보이지 않았으나 상대적으로 모든 숙달도 등급에서 오형태 오류가 많이 보였고 초급에서는 누락 오류가, 중급과 고급에서는 대치 오류가 많아졌다. 언어 층위별 오류 분석은 음운(음소, 음절, 음운 규칙, 원어식 발음), 형태(활용, 합성, 곡용, 파생, 품사), 통사(사동, 높임, 부정, 피동, 시제, 어순), 담화(접속, 지시, 구어/문어 혼동)으로 하였다. 음운 오류 분석 결과 음소 오류가 가장 두드러졌으며 이는 고급까지 지속되었다. 숙달도별로는 음소와 음절 오류 모두 초급에서는 오류율이 다소 높았으나 중급 이상에서는 전체 학습자와 유사했고 음운 규칙이나 원어식 발음은 전체 학습자와 유사한 비율로 나타났다. 형태 분석 결과 문어의 경우 전반적으로 전체 학습자와 유사했으나 구어는 중국인 학습자의 활용 오류와 파생 오류 비율이 전체 학습자에서 높았다. 숙달도별로는 문어와 달리 구어에서 초급에는 오류가 나타나지 않았던 활용 오류가 고급으로 갈수록 많아졌다. 통사 오류는 전반적으로 그 비율이 높지 않았으나 문어에서 중국인 학습자는 전체 학습자에 비해 전체적으로 약간 낮은 오류율을 보였지만 시제와 피동, 어순 오류는 약간 많았고 구어에서는 시제와 사동에서 상대적으로 오류가 많았다. 중국인 학습자의 시제 오류 비율은 문어와 구어 모두 중급 수준에서 전체 학습자에 비해 낮아졌다가 다시 고급에서 높아지는 경향을 보였다. 담화의 경우 정확성에 초점을 두고 문어만을 분석 대상으로 삼았는데 전체 학습자가 구어와 문어를 혼동하는 오류를 많이 범했던 것에 비해 상대적으로 중국인 학습자의 경우 해당 오류율이 높지 않았다.

3) 연구의 의의와 한계

이 연구는 그간 한국어 학습자의 오류 분석 연구에서 지속적으로 지적되어 왔던 대규모 언어 자료와 구어 자료 대상 연구가 부족하다는 한계를 극복하였다. 또한 단순히 특정 언어권 학습자의 언어 자료만을 연구 대상으로 삼지 않고 중국어권 학습자의 언어 사용 및 오류 양상을 전체 학습자의 것과 비교하여 중간언어 및 오류 양상을 숙달도별로 면밀하게 비교하여 분석하였고 그 결과를 제시하고 있다는 점에서 의의가 있다. 하지만 전체 말뭉치 언어 자료에서 구어가 차지하는 비중이 적고 고급으로 갈수록 그 자료의 수가 적어지기 때문에 일정 부분 연구 결과의 내용을 일반화할 수 없음을 연구자도 한계점으로 지적하고 있다. 그리고 구어와 문어가 갖고 있는 근본적인 특성의 차이를 고려하여 볼 때 동일한 기준으로 오류 양상을 분석하는 것이 적절한지 아니면 분석 기준을 달리하여야 할지에 대해 다시 한 번 고민해 볼 필요가 있을 것이다.

3.3. '산출 조건-자발적 담화' 요인을 기준으로 한 학습자 언어 자료 대상 연구

> 안찬원(2017). 「귀국 학생을 위한 어휘 교육 연구」, 『새국어교육』 111호, 115-143.

한국어교육 분야에서는 자료 수집과 분석의 한계로 인하여 자발적 담화를 학습자 오류 분석에 사용한 연구를 찾아보기 어려웠다. 여기에서는 귀국 학생을 대상으로 한 연구를 살펴보았다.

1) 분석 대상

이 연구는 귀국 학생의 국어 어휘 사용 양상을 분석하기 위하여 외국에서의 체류 기관과 국어 사용 능력이 비슷한 남녀 두 학생을 선정하였다. 두 학생은 모두 서울시에 소재한 D초등학교의 귀국 학생 특별학급 중 6학년에 재학하였고 두 학생은 각각 에콰도르와 필리핀에서 왔으며 한국어 습득은 정규 교육기관이 아닌 가정에서 이루어졌다.

2) 분석 절차에 따른 실제적 분석 방법

(1) 언어 자료 수집

이 연구는 연구 대상 두 명이 약 1년 동안 일주일에 3~5회 꼴로 작성한 일기장에서 학습자 언어 자료를 수집하였다.

(2) 오류의 식별과 기술

어휘 사용 오류를 크게 공기관계를 벗어난 어휘의 선택, 의미 영역을 벗어난 어휘의 선택, 국어의 어휘적 공백 세 가지 범주로 구분하여 기술하였다.

(3) 오류의 설명(분석 결과)

공기관계를 벗어난 어휘 선택의 오류는 형용사를 사용한 문장(재미가 그렇게 *많지 않다.)에서 빈번하게 나타났다. 이외에도 감정 어휘와 공기하지 않는 단어를 사용하여 어색한 문장(*긴장에 빠져있었다.)이 나타났으며, 유의어의 사용에 있어 미세한 의미 차이와 단어의 용법을 인식하지 못해 어색한 문장(우리는 생일 잔치를 *만들고 게임도 했다.)을 생성하는 경우도 보였다. 귀국 학생은 동사와 공기하는 명사의 속성이 추상적인 의미일 때 오류를 보이는 경향이 있었다.

의미 영역을 벗어난 어휘 선택 오류는 주로 귀국 학생이 한국어 어휘 학습 과정에서 외국어 단어로 대체하는 방법을 사용하는 데에서 기인된 것이다. 예를 들어 영어의 "the battery is dead."등에서 유추하여 "바테리가 다 *끝나서 핸드폰을 할 수 없었다."와 같이 어색한 어휘를 사용하는 오류가 귀국 학생의 언어에서 나타났다. 이 밖에도 한 언어 사회의 구성원들이 공통적으로 인지하고 있는 고정적이고 핵심적인 어휘 의미인 어휘의 개념적 의미가 아닌 개인적 경험에 따라 달라질 수 있는 가변적이고 비핵심적인 어휘 의미인 연상적 의미를 사용하여 발생되는 오류(우리 세상은 색깔이 *천지입니다)와 어휘의 사회적 의미를 이해하지 못하여 나타난 오류(어린 아이가 탐정처럼 사건을 *디지게 잘 푸니까)가 있었다.

마지막으로는 귀국 학생이 국어의 어휘적 공백을 체류국에서 습득한 개념으로 대체하는 데에서 오는 오류(*얼음이 하늘에 내리고 있었다)가 있다.

3) 연구의 의의와 한계

이 연구는 학습자가 자발적으로 장기간 생성한 언어 자료를 분석 대상으로 삼았다는 점에서 다른 한국어 학습자의 오류 분석 연구와는 차별된다. 학습자의 어휘 오류 분석은 학습자의 언어 자료에서 귀납적으로 추론해 낸 것으로 보이는데 분석 과정에서 학습자와의 면담과 같은 과정을 더하였다면 분석 결과의 타당성을 높일 수 있었을 것으로 보인다.

참고문헌

강현화 외(2017). 「2017년 한국어 학습자 말뭉치 연구 및 구축사업 연구보고서」, 국립국어원.
강현화(2017). 「중국인 한국어 학습자 말뭉치에 나타난 중간언어 분석 연구」, 『언어 사실과 관점』41권, 5-47.
김정선(2017). 「중국인 한국어 학습자의 학술 논문 텍스트에 나타난 시제 표현 오류 분석」, 『한국언어문화』62권, 329-356.
석주연·안경화 (2003). 「한국어 학습자 표현 오류 분석의 몇 가지 문제, 정의, 확인, 기술을 중심으로」, 『한국어교육』14권 3호, 189-215.
안찬원(2017). 「귀국 학생을 위한 어휘 교육 연구」, 『새국어교육』111호, 115-143.
유문명(2018). 「중국인 학습자의 한국어 연어 사용 오류 분석」, 『외국어로서의 한국어교육』49권, 175-195.
유민애(2018). 「한국어 학습자의 연결어미 '-는데'의 오류 원인 분석」, 『국제어문』79권, 531-562.
윤은경(2018). 「발화 조절에 따른 한국어 모음의 음성적 특징과 오류 양상 분석」, 『이중언어학』72권, 143-163.
이금영(2017). 「중국인 초급 학습자를 위한 한국어 형용사 교육 연구」, 『새국어교육』113권, 223-262.
이정연(2017). 「CIS 지역 재외동포 학습자들의 한국어 쓰기 특성 연구 -요구 조사와 오류 분석을 중심으로」, 『언어와 언어학』76권, 99-136.
이명화(2017). 「한국어 학습자의 토픽(TOPIK) 쓰기 오류 양상 - 53번 설명문 쓰기 중심으로」, 『한국언어문화학』14권 2호, 231-254.
장미정(2018). 「오류 분석을 통한 한국어 목적 표현 '-을 겸'의 교육 방안 연구」, 『어문학』141권, 405–427.
정주리·유해준 (2018). 「조사 사용 오류 분석을 통한 한국어교육 방안」, 『국제한국어교육』4권 1호, 47~77.
조민하(2017). 「중국인 한국어 학습자의 파찰음 발음 오류에 대한 음운·음성학적 연구」, 『한국문화』 38권, 93-128.

조철연 외(2002). 「한국어 학습자의 오류 유형 조사 연구」, 문화관광부.

주정정(2018). 「학습자 말뭉치에 기반한 '이/가'와 '을/를'의 대치 오류 분석 - 중국어권, 일본어권 학습자를 중심으로」, 『중한언어문화연구』 14권, 9-47.

지현숙(2017). 「한국어 학습자의 말하기 오류 분석-스토리텔링과 견해말하기 과업을 비교하여」, 『언어사실과 관점』 40권, 147-166.

최은지(2017). 「중국어권 한국어 고급 학습자의 관형격조사 오류- 첨가 오류와 누락 오류를 중심으로」, 『언어학』 77호, 3-24.

한송화(2016). 「한국어 학습자의 보조사 '은/는'의 사용 양상과 오류 연구 -언어권과 숙달도에 따른 차이를 중심으로」, 『어문론총』 70권, 111-151.

한송화(2018). 「한국어 학습자의 종결어미 사용 양상과 오류 연구」, 『문법교육』 33권, 165-210.

Burt, M., & Kiparsky, C. (1972). *The Goof icon: A Repair Manual for English.* Rowley, MA: Newbury House.

Corder, S. P. (1967). The significance of learner's errors. *IRAL-International Review of Applied Linguistics in Language Teaching,* 5(1-4), 161-170.

Allen, J. P. B., & Corder, S. P. (Eds.). (1974). *Techniques in applied linguistics* (Vol. 3). Oxford University Press.

Corder, S. P. (1983). A Role for the mother tongue' in S. Gass and L. Selinker (eds.): *Language Transfer in Language Learning.* Rowley, MA: Newbury House.

Dulay, H. C., Burt, M. K. & Krashen, S. (1982). *Language two.* New York; Oxford University Press.

Ellis, R., & Barkhuizen. G. (2005). *Analysing Learner Language,* Oxford: Oxford University Press.

James, C. (1998). *Errors in Language Learning and Use*: Exploring Error Analysis. London; New York: Longman.

James, C. (2013). *Errors in language learning and use: Exploring error analysis.*: London; New York: Routledge.

Lennon, P. (1991). Error: Some Problems of Definition, Identification, and Distinction. *Applied Linguistics*, 12(2), 180-196.

Schachter, J., & Celce-Murcia, M. (1971). Some reservations concerning error analysis. *TESOL Quarterly*, 11, 441-451.

제2장
필수 경우 분석
(Obligatory Occasion Analysis)

1. 필수 경우 분석 방법 및 분석 절차

1) 분석의 목적

 필수 경우 분석은 학습자가 목표 언어의 문법적 요소를 얼마나 정확하게 사용하는지 살펴보는 방법으로 학습자 언어와 목표 언어의 비교를 포함한다. 학습자들은 외부로부터 입력된 언어 자료를 저장하고 수정 및 보완하여 다시 저장하는 복잡한 과정을 거침으로써 목표 언어의 체계를 습득한다. 제2언어 학습자는 목표 언어를 완벽하게 습득하기 전에 목표 언어와 별개로 독립적인 언어 체계를 생성한다. 필수 경우 분석은 이 과정에서 학습자의 나이, 동기, 학습 환경, 모국어 등의 개인적인 변수를 넘어 보편적인 체계가 있을 것이라 보고 학습자가 생산해 낸 자료를 바탕으로 언어 습득 발달 양상을 살펴본다. 필수 경우 분석은 학습자가 목표 언어를 얼마나 정확하게 습득하였는지 구체화하고, 학습자가 습득한 목표 언어 형태들의 범위를 분석함으로써 학습자의 목표 언어 습득 순서를 제시하는 데 목적이 있다. 비록 정확도 순서가 반드시 습득 순서와 일치하는가에 대한 비판이 존재하지만 학습자의 언어 능력을 측정하는 방법부터 수량화 분석에 이르기까지 해결 방안을 제시한다는 점에서 의미가 있다.

2) 분석 자료

필수 경우 분석을 수행하기 위해서는 분석하고자 하는 목표 언어의 문법적 요소들을 우선적으로 선정해야 하며, 해당 문법적 요소들을 사용한 학습자 자료를 수집해야 한다. 학습자 자료는 동일한 집단 또는 개인을 연구 대상으로 하여 그 대상을 일정 기간 반복적으로 관찰하는 종적 연구 방법을 통해 수집하거나, 동시적으로 각 단계에서 연구 대상을 표집하여 측정하는 횡적 연구 방법을 통해 수집할 수 있다. 또한 비교적 자료 접근이 용이한 횡적 연구 방법과 학습자의 습득 단계를 볼 수 있는 종적 연구의 장점을 합친 유사 종적 연구를 실시하여 학습자의 자료를 수집하는 방법도 있다. 이때 수집하는 학습자의 자료는 해당 목표 문법들을 사용하기에 적합한 상황 맥락이 주어진 구어 또는 문어 자료이다.

3) 분석 절차

Ellis & Barkhuizen(2005)은 필수 경우 분석 수행 과정을 다음의 다섯 가지로 나누었다.

(1) 조사할 형태소 결정

(2) 전체 자료에서 형태소 사용의 필수 경우를 확인
(3) 각각의 형태소들이 필수적 맥락에서 올바르게 사용되었는지 여부 확인
(4) 정확도 비율 계산
(5) 앞의 과정들을 형태소별로 반복

다음은 각 단계별로 수행해야 하는 내용들이다.

(1) 조사할 형태소를 결정한다.

필수 경우 분석을 수행하기 위한 첫 번째 단계는 기초 단계로서 조사할 형태소를 결정하는 것이다. 학습자의 습득 양상을 살펴보기 위해서는 다양한 문법적 요소들을 살펴볼 수도 있고, 여러 가지 의미 기능을 가지고 있는 형태소를 선정하여 의미 기능별로 습득 양상을 살펴보는 방법도 있다. 예를 들어, 황지유(2016)에서는 초급 한국어 학습자의 연결 어미 습득 양상을 살펴보기 위해 연결 어미 '-고', '-아/어서', '-(으)면', '-(으)ㄴ데/는데(대조)', '-(으)면서'를 분석 대상으로 삼았고, 반면에 주은경(2004)에서는 조사 '에'의 의미 기능을 장소, 시간, 단위, 수혜, 원인, 나열, 대상, 수단의 8가지로 나누어 습득 양상을 살펴보았다.

(2) 자료 분석 및 형태소 사용의 필수 경우의 수를 확인한다.

조사할 형태소를 결정했다면 그 다음 단계로 수행할 것은 자료를 전체적으로 살펴보고 형태소 사용이 필수적인 경우의 수를 확인하는 것이다. 이는 조사할 형태소를 얼마나 정확하게 사용하고 있는가를 계산하기 위한 전 단계로, 분석 자료에서 조사하고자 하는 형태소가 사용되어야 하는 전체 경우의 수를 수치화하는 작업이다. 예를 들어 연결 어미의 습득

양상을 살펴본다면 분석 자료에서 각 연결 어미가 필수적으로 사용되어야 하는 경우가 몇 번 존재하는지를 수량화한다. 황지유(2016)에서는 필수 경우 분석을 위해 문법성 판단 테스트를 사용하여 자료를 수집하였는데, 총 54개의 문항에서 연결 어미 '-고'가 사용되어야 하는 경우는 여섯 개였다. 즉, 연결 어미 '-고'의 필수 경우는 '6'이다.

(3) 각 필수 문맥에서 정확하게 사용한 수를 확인한다.

전체적인 자료를 분석하여 필수적인 사용 경우를 확인하였다면 다음 단계에서 수행되어야 할 것은 학습자가 각 형태소를 얼마나 정확하게 사용했는지를 확인하는 것이다. 예를 들어 전체 자료에서 연결어미 '-고'의 필수 경우가 여섯 번이라면 학습자가 여섯 번 중에서 몇 번을 올바르게 사용했는가를 수량화한다.

(4) 정확도 비율을 계산한다.

그 다음 단계로는 (2)와 (3)단계에서 확인한 전체 필수 문맥과 해당 문맥에서 정확하게 사용된 수를 바탕으로 아래 계산식을 활용하여 정확도 비율을 계산한다.

$$\frac{\text{필수적인 문맥에서 정확하게 사용된 수}}{\text{전체 필수적인 문맥의 수}} \times 100 = \text{정확도 비율}$$
$$\frac{\text{(n correct suppliance in contexts)}}{\text{(total obligatory contexts)}}$$

그러나 위의 계산식은 형태소의 과잉 사용에 대해서는 고려하지 않았기 때문에 이를 보완하여 Pica(1984)는 수정된 계산식인 목표 언어적 사용 분석(target-like use analysis) 방식을 제안하였다. 다음은 Pica(1984)에서 제시한 수정된 정확도 비율 계산식이다.

$$\frac{\text{필수적인 문맥에서 정확하게 사용된 수}}{\text{필수적인 문맥의 수 + 비필수적인 문맥의 수}} \times 100 = \text{정확도 비율}$$
$$\frac{\text{(n correct suppliance in contexts)}}{\text{(n obligatory contexts + n suppliance in non-obligatory contexts)}}$$

예를 들어, 주은경(2004)은 '이쪽 길에 가면 은행이 나와요.'에서 '이쪽 길에'를 조사 '(으)로'의 오류로만 볼 것이 아니라, 조사 '에'의 '비필수적인 문맥'으로도 포함시켜야 한다고 보았다.

(5) 형태소별로 (1)~(4)의 과정을 반복한다.

형태소별 습득 순서를 살펴보기 위해서 위의 (1)~(4)의 단계를 각 형태소별로 반복하여 정확도 비율을 계산한다.

(6) 분석 결과를 해석한다.

마지막 단계는 위의 단계에서 계산한 정확도를 바탕으로 습득 순서를 결정하는 것이다. 형태소를 등급화하기 위해서 분석자는 필수적으로 각 형태소에 대해 정확도 점수를 매길 방법을 설정해야 한다. Dulay, Burt & Krashen(1982)은 순서를 등급화하기 위한 방법으로 집단 점수화 방식(group method score)을 제안하였다. 집단 점수화 방식은 개인이 아닌 전체 횟수를 같이 처리한다. 예를 들어, 세 명의 학습자가 있다고 가정해 보자. 첫 번째 학습자가 두 개의 필수 경우가 있는 문장을 두 문장 발화했다. 그러나 각 문장에서 하나씩만을 정확하게 사용하였다. 두 번째 학습자는 두 개의 필수 경우가 있는 문장을 하나 발화했지만 정확하게 사용한 것은 없다. 세 번째 학습자는 두 개의 필수 경우가 있는 문장을 두 문장 발화했고 모두 정확했다. 이때의 집단 점수화 방식을 사용한 정확도 점수는 각 학습자가 정확하게 발화한 필수 성분의 수인 '6'을 전체 필수 경우의 수인 '10'으로 나누어 100을 곱한 '60'이다.

〈표 1〉집단 점수화 방식의 예

	발화한 문장	필수 경우의 수	정확하게 사용된 수
학습자 1	2문장	4	2
학습자 2	1문장	2	0
학습자 3	2문장	4	4
총 합계	5문장	10	5

$$\text{그룹 점수} = \frac{2+0+4}{10} \times 100 = 60$$

그러나 집단 점수화 방식은 개인의 발화 횟수를 고려하지 않았기 때문에 한 학습자가 특히 발화 횟수가 많거나 오류의 횟수가 많을 때 결과가 왜곡될 수 있다. 이를 보완한 방법은 정확도 평균 방법(accuracy means method)으로 전체 발화의 수를 한 번에 처리하는 것이 아니라 개인별로 각각 계산하여 그룹의 평균을 내는 방식이다.[1]

이와 같은 방식들로 정확도 점수를 계산하고 그 점수에 따라서 정확도 순서가 감소하는 순서로 등급화 되는데 가장 높은 정확도 점수를 가진

---

[1] 주은경(2004)에서는 집단 점수화 방식과 정확도 평균 방식을 모두 사용하여 정확도 비율을 비교하였는데 두 방식의 결과가 큰 폭의 차이를 보이는 것을 확인하였다. 이는 학습자 개인의 발화 횟수의 차이가 전체 결과에 영향을 미친다는 사실을 내포한다고 볼 수 있다.

형태소가 먼저, 가장 낮은 점수를 가진 형태소가 늦게 습득된다고 해석할 수 있다.

습득 순서를 등급화하는 또 다른 방식은 함축 척도(implicational scaling)를 이용하는 것이다. 함축 척도 방법은 습득 여부에 따라 '1점' 또는 '0점'으로 점수화하여 배치하는 방식이다. 함축 척도에서 학습자가 형태소를 습득했다고 판단하기 위해서는 정확도 수준이 중요한데 Brown(1973)은 90% 이상의 정확도 수준일 때 습득했다고 보았다.[2] 아래 〈표 2〉는 이해영(2004)에서 수행한 함축 척도의 일부분으로 한국어 시제 표현 '-았/었-', '-는1(관형형어미)', '-(으)ㄹ', '-는-2(선어말어미)'의 습득 순서를 보았다.

〈표 2〉 함축 척도의 예(이해영, 2004)

학습자	-았/었-	-는1	-(으)ㄹ	-는-2
1	0	0	0	0
2	1	0	0	0
3	1	0	1	0
4	1	1	-	0
5	1	1	1	0
6	1	1	1	1

함축 척도의 가로 배열은 학습자들이 더 많이 습득한 것부터 왼쪽에서 오른쪽 순으로 배열하고, 세로 배열은 가장 적은 수의 문법 항목을 습득한 학습자부터 위에서 아래로 배열한다. 그리고 계단식 배열을 따라 각 집단의 습득 순서를 추출한다. 예를 들어, 한국어 시제 표현의 습득 순서

---

2 정확도 수준의 해석에 대해서는 연구자들마다 의견이 다르다. 황지유(2016)는 Brown(1973)의 기준에 따라 90%를 습득 수준으로 보았으나, 주은경(2004)에서는 80%를, 이해영(2004)에서는 95%를 Todsaporn(2017)은 75%를 습득 수준으로 보았다.

를 살펴보는 연구에서 위와 같은 결과를 얻었다면 6번 학습자가 가장 많은 문법 항목을 습득했고 1번 학습자가 가장 적은 수의 문법 항목을 습득한 것으로 볼 수 있다. 또한 '-았/었-'이 가장 많은 학습자가 습득한 문법 항목이고 '-는-2(선어말어미)'가 가장 적은 학습자가 습득한 문법 항목으로 볼 수 있다.

함축 척도는 재현정밀도 계수(coefficient of reproducibility: Crep)를 계산하여 각 학습자가 습득한 형태소를 정확하게 예측할 수 있는 범위를 분석할 수 있다. 재현정밀도 계수가 90% 이상일 경우 제한된 척도가 유효하다고 판단한다.

$$\text{재현정밀도 계수(Crep)} = 1 - \frac{\text{오류의 수 (number of errors)}}{\text{학습자의 수} \times \text{아이템의 수 (number of learners} \times \text{number of items)}}$$

2. 한국어교육의 필수 경우 분석 연구 경향

그동안 한국어교육에서 학습자 습득에 관한 연구는 오류나 대조 분석에 기반을 둔 연구들이 대부분이며, 습득 순서를 판단하기 위해 필수 경우 분석을 사용한 연구들은 그다지 많지 않다. 필수 경우 분석을 실시하여 한국어 문법 항목의 습득 순서를 분석한 논문으로는 이해영(2004), 주은경(2004), 황선영(2007), 모이(2010), 황지유(2016), Todsaporn(2017)이 있다. 이해영(2004)은 한국어 시제 표현 '-았/었-', '-는1(관형형어미)', '-(으)ㄹ', '-는-2(선어말어미)'의 습득 양상을, 황지유(2016)는 1급 연결어미 습득 양상을 분석하였으며, 주은경(2004), 황선영(2007), 모이(2010), Todsaporn(2017)은 부사격 조사 '에'의 의미 기능별 습득 양상을 살펴보았다.

이해영(2004)은 과제 유형에 따른 한국어 학습자의 중간언어 변이를 보기 위해 유사 종적 연구를 실시하여 한국어 시제 표현 '-았/었-', '-는1(관형형어미)', '-(으)ㄹ', '-는-2(선어말어미)'의 습득 양상을 분석하였다. 연구에 참여한 학습자들은 영어가 모국어인 한국어 학습자 16명으로 학습자의 숙달도와 한국어 학습 기관을 고려하여 선정하였으며, 자료는 문법 시험과 인터뷰를 통해 수집하였다.[3] 문법성 시험은 총 25문항으로 영어권 학습자의 오류 발화문을 토대로 선다형 방식으로 문항을 구성하였다.[4] 문법성 시험을 실시한 후 인터뷰를 통해 산출 능력을 판단하고자 하였다.

〈표 3〉 이해영(2004)에서 사용한 문법 시험의 예

나는 비에 _____ 옷을 갈아입으려고 집에 들어갔어요.
① 젖어서는 ② 젖는 ③ 젖을 ④ 젖은

이렇게 수집한 자료는 함축척도 방식을 사용하여 습득 양상을 분석하였다. 그 결과 문법 시험에서는 '-았/었- > -(으)ㄹ > -는1(관형형어미) > -는-2(선어말어미)', 인터뷰에서는 '-는-2(선어말어미) > -(으)ㄹ > -는1(관형형어미) > -았/었-'의 습득 순서가 나타났다. 문법 시험과 인터뷰 분석 결

---

3 이해영(2004)는 과제 유형에 따른 습득 양상을 살펴보고자 한 연구로 문법 시험에서는 언어 형태를, 인터뷰에서는 언어 내용을 살펴보았다.
4 필수 성분 분석의 많은 연구들은 자료 수집을 위해 문법성 판단 테스트(Grammaticality judgement test)를 많이 사용하는데, 이해영(2004)에서는 문법 시험(Grammar test)을 실시하였다. 문법 시험은 선다형으로 구성된 테스트로 초보적인 단계의 산출 능력을 시험한다. 반면에 문법성 판단 테스트는 문장을 제시하여 그 문장이 문법적인지 아닌지를 판단하는 이해 차원의 언어 능력을 테스트하는 것이다.

과에서 나타난 다른 습득 순서를 통해 이해영(2004)은 정확한 문법 지식이 학습자의 한국어 산출 능력을 보여 주는 것은 아니라고 보았다.

주은경(2004)은 조사 '에'의 다양한 의미 기능들의 습득 순서를 보기 위해 조사 '에'의 의미 기능을 장소, 시간, 단위, 수혜, 원인, 나열, 대상, 수단의 여덟 가지로 나누어 유사 종적 연구 방법으로 필수 경우 분석을 실시하였다. 연구 대상은 언어권, 숙달도, 학습 기관을 고려하여 영어권 16명, 중국어권 21명, 일본어권 23명으로 총 60명의 학습자를 네 개의 한국어교육 기관에서 고르게 선정하였으며, 자료는 이중언어 통사 측정(bilingual syntax measure)[5]과 문법성 판단 테스트를 통해 수집하였다. 수집한 자료는 정확도 평균 방법과 함축척도를 사용하여 습득 순서를 분석하였다. 정확도 평균 방법을 통한 분석 결과에서는 '시간 > 장소 > 대상 > 단위 > 원인 > 수혜 > 수단 > 나열'의 순서로 나타났으며, 함축척도를 사용한 습득 순서의 분석 결과에서 '장소 > 시간 > 대상 > 단위 > 수단 > 수혜 > 나열 > 원인'의 순서로 습득이 됨을 확인할 수 있었다. 주은경(2004)은 개인별 정확도 평균과 함축척도를 통해 얻은 결과와 한국어교육 기관의 교재에서 제시된 순서간의 상관관계를 살펴보았는데 순서에 차이가 없는 것을 발견하였으며 이를 통해 교육 기관에서의 교수 순서가 습득 순서에 영향을 미칠 수 있다고 보았다.

황지유(2016)는 중국인 한국어 학습자의 초급 연결어미 습득 순서를 살펴보기 위해 횡적 연구 방법으로 필수 경우 분석을 실시하였다. 자료는 1급 교육 과정에서 학습하는 연결어미 중에서 '-고(나열,순차), -아/어

---

5 이중언어 통사 측정(bilingual syntax measure) 방법은 학습자에게 그림을 제시하여 질문함으로써 필수적인 문맥을 자연스럽게 발화하도록 하는 반구조화된 인터뷰 방식이다.

서(순차,이유), -(으)면서(동시), -(으)면(조건), -(으)ㄴ/는데(대조)' 총 다섯 개를 선정하고, 동일 교육 기관에서 학습하고 있는 초급 중국인 학습자 64명을 대상으로 학습자 언어 자료를 수집하였다. 황지유(2016)에서는 자료 수집 방법으로 문법성 판단 테스트[6]를 활용하였으며 결과는 Dulay, Burt & Krashen(1982)의 집단 점수화 방식과 함축 척도를 활용하여 분석하였다. 집단 점수화 방식을 통한 정확도 비율 분석 결과 1급 연결 어미의 습득 순서는 '-아/어서(이유) > -(으)면서(동시) > -(으)ㄴ/는데(대조) > -고(나열) > -(으)면(조건) > 아/어서(순차) > -고(순차)'로 나타났으며 함축 척도 수행 결과 '-아/어서(이유) > -(으)면서(동시) > -(으)ㄴ/는데(대조) > -고(나열) > -(으)면(조건)'의 순서로 습득되는 것으로 나타났다.

한국어 학습자 습득 연구에서 필수 경우 분석 연구는 대부분 횡적 연구 또는 유사 종적 연구였으며 종적 연구 수집 방법을 통한 필수 경우 분석 연구는 찾기 어려웠다.

3. 필수 경우 분석 방법의 실제

> Todsaporn(2017). 「태국인 한국어 학습자의 부사격 조사 습득 양상에 관한 연구-부사격 조사 '에'를 중심으로」, 연세대학교 석사학위 논문.

여기에서는 앞서 살펴본 필수 경우 분석 연구들 중 한 편을 자세히 살펴보도록 하겠다.

---

6 황지유(2016)에서 사용한 문법성 판단 테스트는 1급 교재에 제시된 7개의 연결어미를 모두 포함하여 총 54문항으로 구성하였다.

1) 분석 대상

분석 대상으로 삼은 문법은 부사격 조사 '에'의 다양한 의미 기능들로 '장소, 시간, 도착점, 원인, 단위, 대상, 도구, 기준'의 총 여덟 개의 의미를 중심으로 살펴보았다. 자료 수집은 조사 '에'의 의미 기능별 습득 순서와 구체적인 오류의 양상을 밝히기 위해 유사 종적 방법을 사용하여 자료를 수집하고 분석하였다. 실험에 참여한 대상은 태국인 한국어 학습자 50명으로 한국어능력시험 등급을 기준으로 3급부터 6급까지 숙달도를 고려하여 고르게 선정하였다. 자료는 문법성 판단 테스트를 통해 수집하였다. 문법성 판단 테스트는 조사 '에'의 의미 기능별로 네 개씩 총 32문항으로 구성하였으며 학습자가 '에'를 기계적으로 답하는 것을 막기 위해 세 개의 혼란 문항을 추가하였다.

〈표 4〉 Todsaporn(2017)의 문법성 판단 테스트의 예

아래 조사들 가운데 각 문장의 ( )에 가장 알맞은 조사를 찾아 쓰세요. 조사는 두 번 이상 쓸 수 있고, 필요 없는 경우에는 '×'를 쓰세요.

이/가, 을/를, 의, 에, 에서, (으)로, 은/는, 에게, 에게서

1. 우리는 의자( ) 앉아서 선생님( ) 기다렸다.
2. 우리는 어제 중국 식당( ) 저녁( ) 먹었다.
3. 공항( ) 늦게 도착해서 비행기( ) 놓쳤다.
4. 영희는 연필( ) 깎다가 칼( ) 손( ) 베었다.
5. 대성 씨, 오늘( ) 몇 시( ) 일어났어요?

2) 분석 절차에 따른 실제적 분석 방법

조사 '에'를 의미 기능별로 필수적인 문맥의 수, 필수적인 문맥에서의

보충의 수, 비필수적인 문맥에서의 보충의 수로 구분하여 Pica(1984)의 정확도 산출 방법을 통해 분석하였다.

조사 '에'의 의미 기능별 습득 순서를 보기 위한 기초 단계로 산출된 개인의 정확도를 토대로 집단별 평균값을 구하는 정확도 평균 방법으로 습득의 흐름을 읽어내고, 함축 척도의 방법으로 부사격 조사 '에'의 의미 기능별 습득 순서를 파악했다.

3) 분석 결과

① 정확도 평균 방법을 이용한 조사 '에'의 습득 순서

정확도 평균 방법을 이용한 분석 결과, 조사 '에'의 의미 기능별 정확도 평균은 '장소' 77.5%, '시간' 94.63%, '도착점' 83.08%, '원인' 67.82%, '단위' 88.24%, '대상' 65.05%, '도구' 28.37%, 그리고 '기준' 75%로 나타났다. 숙달도별로도 동일하게 나타났다.

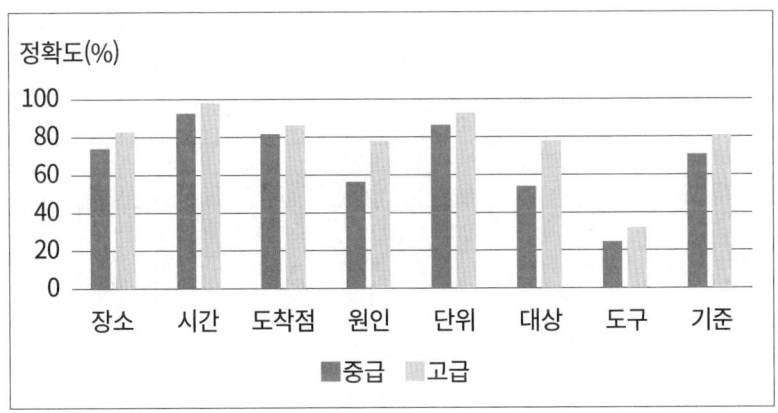

〈그림 1〉 정확도 평균 방법을 이용한 조사 '에'의 습득 순서 Todsaporn(2017)

② 함축 척도를 이용한 조사 '에'의 습득 순서

함축 척도를 통해 분석한 부사격 조사 '에'의 의미별 습득 순서는 '시간' → '단위' → '도착점' → '장소' → '기준' → '원인' → '대상' → '도구'로 나타났다. 이 결과는 전체 학습자의 정확도에 따른 습득 순서와 동일하였으며, 결과의 신뢰도는 94.5 %로 높게 나타났다.[7]

〈표 5〉 함축 척도를 이용한 조사 '에'의 습득 순서 (Todsaporn, 2017)
0: 미습득, 1: 습득, ①: 일탈

의미 번호	숙달도	시간	단위	도착점	장소	기준	원인	대상	도구
L30	1	0	0	0	0	0	0	0	0
L33	1	1	0	0	0	0	0	0	0
L4	2	1	1	1	0	0	0	0	0
1	1	1	①	1	0	0	①	0	0
L5	1	1	①	1	1	0	0	0	0
L26	2	1	1	①	1	0	0	0	0
L11	1	1	1	1	1	0	0	0	0
L18	1	1	1	1	1	0	0	0	0
L28	2	1	1	1	1	0	0	0	0
L40	1	1	1	1	①	1	0	0	0
L43	2	1	1	1	①	1	0	0	0
L21	1	1	1	1	1	1	0	0	0
L23	1	1	1	1	1	1	0	0	0
L41	1	1	1	1	1	1	0	0	0
L46	1	1	1	1	1	1	0	0	0
L25	1	1	1	1	①	1	1	0	0
L10	2	1	1	1	①	1	1	0	0
L15	1	1	1	①	1	1	1	0	0
L17	2	1	1	①	1	1	1	0	0
L48	2	1	1	①	1	①	1	①	0
L44	1	1	1	1	1	1	1	0	0
L37	2	1	1	1	1	1	1	0	0
L29	1	1	1	1	1	1	1	0	0
L14	2	1	1	1	1	1	1	0	0

---

7 Guttman(1944)은 함축 척도의 신뢰도가 85% 이상일 때 신뢰할 수 있다고 보았다.

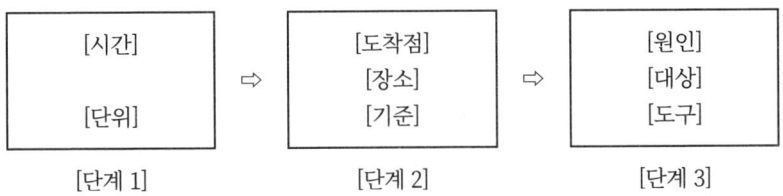

〈그림 2〉 부사격 조사 '에'의 습득 단계 (Todsaporn, 2017)

4) 연구의 의의와 한계

이 연구는 태국인 한국어 학습자들이 어려워하는 부사격 조사 '에'의 습득 양상과 습득 순서를 밝힘으로써 태국인 학습자를 위한 교수를 위한 기초 자료를 제시하였다는 점에서 연구 의의가 있다. 분석 자료를 문법성 판단 테스트에 한정하여 실시하였는데 학습자의 자연스러운 구어나 문어 자료를 반영한다면 좀 더 종합적인 관점에서 습득 양상을 살펴볼 수 있을 것으로 보인다.

참고문헌

모이(2010).「중국인 학습자의 조사 '에'의 습득 양상 연구」, 한국외국어대학교 석사학위 논문.

이해영(2004).「과제 유형에 따른 한국어 학습자의 중간언어 변이 -영어권 학습자의 한국어 시제표현 문법항목 습득을 대상으로-」,『이중언어학』25권, 이중언어학회, 255-283.

이해영 외(2005).『한국어 학습자의 중간언어 연구』, 커뮤니케이션북스.

주은경(2004).「한국어 학습자의 조사 '에'의 용법별 습득 양상 연구」, 이화여자대학교 석사학위 논문.

황선영(2007).「과제 유형에 따른 조사 습득 연구」, 이화여자대학교 석사학위 논문.

황지유(2016).「오류 분석을 통한 중국인 한국어 학습자의 초급 연결어미 습득 순서 양상 연구-'필수경우분석(Obligatory Occasion Analysis)'을 중심으로」,『한국어교육』27권 1호, 국제한국어교육학회, 185-202.

Dulay, H. (1982). *Language two*. Oxford University Press, 200 Madison Ave., New York, NY 10016.

Todsaporn(2017).「태국인 한국어 학습자의 부사격 조사 습득 양상에 관한 연구-부사격 조사 '에'를 중심으로」, 연세대학교 석사학위 논문.

Brown, R. (1973). *A first language: The early stages*. Harvard U. Press.

Ellis, R. & Barkhuizen, G. P. (2005). *Analysing learner language*. Oxford: Oxford University Press.

Guttman, L. (1944). A basis for scaling qualitative data. *American sociological review*, 9(2), 139-150.

Pica, T. (1983). Methods of morpheme quantification: Their effect on the interpretation of second language data. *Studies in Second Language Acquisition*, 6(1), 69-78.

제3장
빈도 분석
(Frequency Analysis)

1. 빈도 분석의 방법 및 절차

1) 분석의 목적

학습자 오류의 본질은 시간에 따라 다양한 형태로 나타나기 때문에 시간의 변화에 따른 변이 형태의 사용에 대한 연구가 필요하며, 빈도 분석은 학습자들의 언어 습득 과정에서 내재된 변이 형태를 기술하는 데에 목적이 있다. 즉 빈도 분석은 학습자가 언어적 구조를 습득하기 위해 경험한 발달 단계를 기술하는 방법이다. 빈도 분석을 통해 학습자의 특정 형태의 습득 순서를 살펴볼 수 있는데, 여기서 말하는 습득 순서는 형태소 순서와 같이 학습자가 많은 다른 문법 항목들을 습득하는 순서가 아니라, 하나의 구조에서의 습득 순서를 말한다. 학습자는 어떤 하나의 구조를 즉각적으로 습득하는 게 아니라 목표어 형태에 이르기 전에 일련의 단계를 거친다. 그러므로 빈도 분석은 학습자가 목표어 문법의 어떤 하나의 구조를 완전히 습득할 때까지 산출한 다양한 사용 장치 혹은 문법적 형태의 빈도를 계산함으로써 학습자의 중간언어 발달 단계를 관찰할 수 있다. 또한 학습자가 사용한 장치들을 단계별로 비교함으로써 그 구조를 수행하는 발달 과정을 설명할 수 있게 하는 일종의 종적 연구를 목표로 한다.

2) 분석 자료

학습자 언어 분석을 위한 자료는 학습자가 언어 습득 과정에서 생산한 실제 언어 자료이어야 하며 학습자 언어 습득 및 발달을 관찰하기 위해서는 종적 연구 자료를 선택하는 것이 이상적이다. 종적 연구 자료는 한 집단 학습자들의 통시적인 자료를 수집하여 그들의 자연적 중간언어 발달 과정을 알아보기 위해 오랜 시간에 걸쳐 한 집단 학습자들의 언어 자료를 수집하는 것이다. 그러나 한 집단의 학습자가 연속적인 학습 단계에서 공부해야 하며 같은 집단의 학습자들을 유지해야 한다는 전제가 필요하기 때문에 L2 학습자들의 중간언어 자료를 종적으로 수집하는 데에 어려움이 있다. 이를 극복하기 위해 유사 종적인 연구 방법으로 자료를 수집하는 방법도 있다.[1]

3) 빈도 분석 수행 절차

Ellis & Barkhuizen(2005)은 빈도 분석 수행 과정을 다음의 여섯 가지로 나누었다.

---

[1] 유사 종적 연구에 대한 설명은 1부를 참고하기 바란다.

(1) 탐구하고자 하는 언어적 변이 선택
(2) 일정한 시간 간격으로 학습자 자료 정리
(3) 자료에서 언어적 변이의 사용 확인
(4) 언어적 변이 수행에 사용한 다른 장치 확인
(5) 기간별 각 장치의 사용 빈도 계산
(6) 기간별로 어떤 사용 장치가 지배적인지를 확인 및 습득 단계 결정

다음은 각 단계별로 수행해야 하는 내용들이다.

(1) 탐구하고자 하는 언어적 변이를 선택한다.

빈도 분석은 학습자 언어에서 변이(variants) 연구와 관련되어 있다. 학습자 언어에 내재된 변이를 기술하기 위해서는 먼저 학습자가 언어 수행에서 사용한 변이를 선택해야 한다. 이때의 변이는 좁은 범위가 될 수도 있고 넓은 범위가 될 수도 있다. 예를 들어 한국어 과거 시제'-았/었-'에서부터 한국어 시제 표현 전부를 탐구하고자 하는 언어적 변이로 범위를 넓힐 수 있다. L2 학습자의 중간언어는 학습자에 따라 다양하다. 학습자가 과제를 수행하는 동안 요구되는 언어적, 상황적, 심리언어학적 맥락에 따라 언어 형태에 변이가 발생하므로 여러 변인이 혼재되어 있다. Chomsky의 이론에 따르면 이러한 변인들은 단순한 언어 수행 '실수'가 아닌 '변이적 언어 능력'의 일부로 보는 것이 더 바람직하다.

변이 선택은 자료 또는 이론을 바탕으로 선택할 수 있다. 예를 들어 학습자 자료를 바탕으로 다양한 변이를 나타내는 것을 발견하고 그것을 선택할 수도 있고, 아니면 어떤 이론적 가설을 검증하기 위해 선택할 수도 있다.

예를 들어 한국어 학습자(1~6급)의 작문 자료를 바탕으로 그들의 조사 '이/가' 구문을 연구 대상으로 삼아 빈도 분석을 수행할 수 있다. 이때 언

어적 변이는 한국어 학습자(1~6급)의 작문 자료에서 나타난 조사 '이/가' 구문이다.

(2) 학습자 자료를 대략 일정한 시간 간격으로 나눈다.

학습자 자료에서 대표적인 언어적 변이 형태를 선택하였으면 다음 단계로 변이 형태가 나타난 시기를 일정하게 나누고 기간에 따라 자료를 정리하고 발달 과정을 관찰한다.

예를 들어, 한국어 학습자(1급~6급)의 유사 종적 연구를 위한 작문 자료를 다음의 〈표 1〉과 같이 정리하여 살펴볼 수 있다.[2]

〈표 1〉 학습자 자료 상황

등급	문장 수(개)	어절 수(개)
1급	57	223
2급	132	905
3급	88	601
4급	89	889
5급	77	803
6급	86	985
총합	529	4406

(3) 학습자들의 언어 자료를 살펴보고 언어적 변이 형태의 예시를 확인한다.

---

2 〈표 1〉에서 제시한 학습자 자료의 예는 유사 종적 연구를 통해 1급부터 6급까지의 학습자 작문 자료 각 5편씩, 총 30편의 작문 자료를 수집하여 구체적인 문장 수와 어절 수의 상황을 정리한 것이다. 이 연구 자료는 필자들이 오류 말뭉치에서 정리한 자료이다.

기간별로 나누어 정리한 자료에 나타난 대표적인 언어적 변이 형태의 예시를 확인한다. 예를 들어 〈표 1〉에서 기간별로 분류하여 정리한 1급부터 6급까지의 총 30편의 학습자 작문 자료 중에서 격조사 '이/가'가 포함된 문장을 확인한다. 학습자 자료에서 격조사 '이/가'가 포함된 문장을 정리하면 다음〈표 2〉와 같다.

〈표 2〉 학습자 자료 등급 중 '이/가'가 포함된 상황

등급	1급	2급	3급	4급	5급	6급	총
문장 수	30	62	52	56	43	56	229
비율	52.6%	47.0%	59.0%	62.9%	55.8%	65.1%	43.3%

〈표 2〉를 통해 '이/가'가 포함된 문장이 차지하는 비율을 보면, 1급부터 6급까지 계속 사용됨을 알 수 있다. 또한 숙달도에 따라 한 문장에서 조사 '이/가'를 얼마나 자주 사용하는지도 확인할 수 있다.

(4) 모든 자료를 검증하여 언어적 변이 수행에 사용한 다른 장치를 살펴봐야 한다.

선행연구를 참고하여 어떤 언어적 변이 형태가 나타날 수 있는지 살펴본 후 모든 자료에서 변이 형태가 실제저으로 어떻게 나타나고 있는지를 확인한다. 다음은 선행연구를 통해 조사 '이/가'가 사용될 수 있는 언어적 변이 형태를 정리한 예이다.

1) 명사+이/가[주어]+있다2-1/없다1-1,
   명사+이/가[주어]+...에+있다2-2/없다1-2

2) 명사+이/가[주어]+이다
3) 명사+이/가[주어]+형용사
4) 명사+이/가[주어]+동사
5) 명사+이/가[보어]+되다
6) 명사+이/가[보어]+아니다
7) 명사+이/가[주어]+서술절

정리한 변이 형태들을 다음 〈그림 1〉과 같이 정리하여 자료에서 사용된 변이 형태들을 확인한다.

3-3	가족이 북경에 있습니다.	주어+이/가+…에+있다2-2/없다1-2	
3-4	부모님이 집에 계십니다.	주어+이/가+…에+있다2-2/없다1-2	
3-5	한국에서 학교가 다닙니다.	목적어+이/가+동사	
3-7	한국 친구가 없습니다.	주어+이/가+없다	
3-9	장옥혁이 좋습니다.	주어+이/가+형용사	주어+이/가+1자리 형용사
4-1	이분이 왕가빈씨입니다.	주어+이/가+이다	
4-4	가족이 천진에 있습니다.	주어+이/가+…에+있다2-2/없다1-2	
4-5	부모님이 천진에 계십니다.	주어+이/가+…에+있다2-2/없다1-2	
4-7	한국 친구가 많습니다.	주어+이/가+형용사	주어+이/가+1자리 형용사
4-9	일본 친구가 없습니다.	주어+이/가+없다	
4-10	공부하기가 바쁩니다.	주어+이/가+형용사	주어+이/가+1자리 형용사
4-11	한국말 말하기가 어렵습니다.	주어+이/가+형용사	주어+이/가+1자리 형용사
4-12	서울이 좋습니다.	주어+이/가+형용사	주어+이/가+1자리 형용사
4-13	이분이 주리리씨입니다.	주어+이/가+형용사	주어+이/가+1자리 형용사
5-1	가족이 하얼빈에 있습니다.	주어+이/가+이다	

5-3	한국 친구가 있습니다.	주어+이/가+있다2-1	
5-7	일본 친구가 없습니다.	주어+이/가+없다	
5-9	한국 생활이 재미없습니다.	주어+이/가+형용사	주어+이/가+1자리 형용사
5-11	선생님이 좋습니다.	주어+이/가+형용사	주어+이/가+1자리 형용사
5-13	한국어 말하기이 어렵습니다.	(받침없는)주어+이+형용사	

〈그림 1〉 '이/가'가 쓰인 패턴을 표기한 예

(5) 각 기간별로 각각의 장치 사용 빈도를 계산한다.

기간별로 모든 자료에서 각각의 장치가 실제적으로 어떻게 나타나고 있는지를 빈도로 계산한다. 다음〈표 3〉은 조사 '이/가'를 장치별로 빈도를 계산하여 정리한 것이다.

〈표 3〉'이/가' 쓰이는 각 패턴의 빈도

패턴 유형	1급 문장수	1급 비율(%)	2급 문장수	2급 비율(%)	3급 문장수	3급 비율(%)	4급 문장수	4급 비율(%)	5급 문장수	5급 비율(%)	6급 문장수	6급 비율(%)
명사+이/가 [주어]+형용사	10	33	23	37	13	25	18	32	4	7	7	13
명사+이/가 [주어]+있다/없다	13	43	14	23	9	17	6	11	6	11	5	9
명사+이/가 [주어]+ N이다	3	10	-	-	3	6	2	4	-	-	3	5
명사+이/가 [목적어]+동사	2	7	2	3	1	2	1	2	1	2	1	2
(받침 없는) 명사+이[주어]+형용사	1	3	-	-	-	-	-	-	-	-	-	-

구분	1급 빈도	1급 %	2급 빈도	2급 %	3급 빈도	3급 %	4급 빈도	4급 %	5급 빈도	5급 %	6급 빈도	6급 %
명사+이/가[주어]+서술절	1	3	1	2	3	6	2	4	-	-	2	4
명사+이/가[주어]+동사	-	-	18	29	21	40	18	32	31	55	34	61
명사+이/가[보어]+되다	-	-	1	2	-	-	7	13	1	2	2	4
명사+이/가[부사어]	-	-	2	3	1	2	-	-	-	-	-	-
명사+이/가[주어]+하고+명사	-	-	1	2	-	-	-	-	-	-	-	-
명사+이/가[보어]+아니다	-	-	-	-	1	2	1	2	-	-	2	4
명사+이/가(소유)	-	-	-	-	-	-	1	2	-	-	-	-
전체	30	100	62	100	52	100	56	100	43	100	56	100

(6) 각 단계에서 어떤 사용 장치가 지배적인가를 확인함으로써 습득 단계를 결정한다.

각 기간에서 가장 빈번하게 사용된 언어 장치를 확인하여 습득 여부를 결정한다. 기간별로 다른 장치로의 전환이 어떻게 이루어지는가를 볼 수 있다. 다음 〈표 4〉는 1급에서 6급까지 조사 '이/가'가 사용된 지배적인 언어 장치를 정리한 예이다.

〈표 4〉 각 등급에서 지배적으로 사용된 언어 장치

등급	지배적인 언어 장치	비율 (%)
1급	명사+이/가[주어]+있다/없다	43
2급	명사+이/가[주어]+있다/없다 명사+이/가[주어]+동사 명사+이/가[주어]+형용사	23 29 37
3급	명사+이/가[주어]+동사	40

4급	명사+이/가[주어]+형용사	32
	명사+이/가[주어]+동사	32
5급	명사+이/가[주어]+동사	55
6급	명사+이/가[주어]+동사	61

위 〈표 4〉의 예시와 같이 기간별로 어떤 장치의 사용이 우세한지, 어떤 장치로의 전환이 이루어지는지를 볼 수 있다. 분석 결과를 제시하면 다음과 같다.

(1) 1급에서 '명사+이/가[주어]+있다/없다'의 사용이 우세한 것으로 보인다.
(2) 2급에서 '명사+이/가[주어]+동사'의 사용과 그리고 '이/가'가 보격조사로 사용하는 문장이 나타나고 '명사+이/가[주어]+형용사/동사'의 사용도 점점 많아지는 것으로 보인다.
(3) '명사+이/가[주어]+동사'의 사용이 급이 올라감에 따라 점점 많아지고 있다.
(4) 목적어와 동사 사이에 목적격 조사('을/를')를 사용하는 상황에서 그를 대신 '이/가'를 쓰는 경우가 1급부터 6급까지 모두 나타났다.
(5) 부사 뒤에 부사격 조사('에/로/과' 등)를 사용하는 상황에서 '이/가'를 사용하는 경우가 2급, 3급에서 나타났고 다음 등급에는 나타나지 않았다.

〈표 4〉와 같이 학습자의 작문 자료를 통해 그들의 언어 장치의 습득 양상을 알아보았다. 위와 같이 각 기간별로 어떤 장치의 사용이 우세한지, 어떤 장치로의 전환이 이루어지는지를 볼 수 있지만 학습자들의 습득 단계를 설명하는 데에 어려움이 있다. 같은 언어 장치 '명사+이/가[주어]+동사/형용사'는 2급부터 나타났으며 절반 이상 비율을 차지하므로 2급부터 습득하였다고 할 수 있지만 그 외 다른 언어 장치로의 전환이 이루어지지 않다는 것을 알 수 있다.

마지막 두 절차는 각 기간별 특정 언어 장치가 출현한 관점에서 습득 단계를 기술하는 것이다. 이는 언어 장치를 나타나는 빈도만으로 계산하는 수량화를 피하면서 각 기간별 지배적 언어 장치의 사용과 다른 언어 장치로의 전환을 통한 언어 발달의 실례와 기술을 보여준다.

2. 한국어교육의 빈도 분석 연구 경향

빈도 분석은 학습자가 특정 문법 형태를 사용한 다양한 언어적 장치의 빈도를 계산하여 기간별 발달 장치들을 비교함으로써, 학습자의 습득 순서를 보기 위한 연구이다. 한국어교육 분야에서 이루어진 한국어 학습자 언어 습득에 관한 연구는 오류 분석에 기반을 둔 연구들이 대부분이며 학습자 언어 발달 즉 L2 습득 순서를 기술하는 빈도 분석을 사용한 연구들은 그다지 많지 않다. 빈도 분석을 사용한 연구에서도 빈도 분석 방법만 이용하여 연구하는 것이 아니라 오류 분석과 함께 사용하여 학습자의 언어 발달 과정을 살펴보고 있다.

빈도 분석을 실시하여 한국어 특정 문법 항목의 사용 양상 및 습득 순서를 분석한 논문으로는 정은선(2018), 김선영(2019)이 있다. 정은선(2018)은 미국에 거주하며 한국어를 계승어로 학습하는 재미교포 화자들이 한국어 부정문(단형 부정(short form negation, SFN)과 장형 부정(long form negation, LFN))을 완전하게 습득하는지를 살펴봄으로써 한국어 부정문의 불완전한 습득 과정에서 각 장치의 사용 빈도수, 습득 순서 등을 조사하였다. 자료는 미국의 한 대학교에 재학 중인 한국어 모어 화자와 한국어를 계승어로 습득한 영어 모어 화자를 대상으로 실시한 구두 및 필기 시험을 통해 수집하였다. 그 결과 계승어 집단이 한국어 모어 화자 집단보다 단형 부정을 현저하게 많이 사용하는 것을 확인할 수 있었으며, 한국어 모어 화자보다 더 다양한 부정 표현 장치들의 대체 표현들을 사용하고 있는 것으로 나타났다.

김선영(2019)에서는 중간언어의 시간 표현 체계를 밝혀내기 위하여 학습자 말뭉치에서 나타나는 모든 시간 표현 표지와 이것이 문장이나 전체 담화에서 수행하고 있는 의미 기능의 빈도를 조사하고, 시제나 동작상의 의미 기능을 수행하기 위해 사용된 시간 표현 표지의 빈도를 모두 조사하였다. 또한 중간언어에서 나타나는 시간 표현의 변이 양상을 분석하기 위하여 필수 경우 분석을 통해 시간 표현 표지가 필수적으로 사용되어야 하는 필수 맥락에서 목표어 체계와 다른 변이형을 사용한 부분의 빈도를 분석하였다. 김선영(2019)은 다음의 빈도 분석 방법의 실제에서 구체적으로 연구 내용을 살펴보도록 하겠다.

위와 같은 빈도 분석과 관련된 연구들을 살펴보면 대부분 학습자 언어 자료를 바탕으로 학습자의 특정 문법 항목 사용 양상만을 보여주었으며 일련의 습득 시기에 따라 특정한 문법 항목의 다양한 형태를 분석하지는 못하였다. 이는 빈도 분석 연구가 자체적으로 가지는 한계점이라고 볼 수 있다. 다시 말하자면 빈도 분석에서 특정한 문법 형태의 습득 단계를 일반적으로 특정 시기에 가장 빈번하게 사용된 장치로 정하거나 학습자가 생성한 발화로 습득 단계를 구분하는데 이는 습득을 정의하는 엄격함이 부족하다는 문제점이 있다. 또한 일련의 단계에서 습득 순서를 정의하는 인위성 문제도 존재한다.

3. 빈도 분석 방법의 실제

여기에서는 앞서 살펴본 한국어 학습자의 빈도 분석 연구들 중 한 편을 중심으로 살펴보도록 하겠다. 앞서 언급했듯이 학습자 언어 습득 및 발달 순서를 관찰하기 위해서는 종적 연구 자료가 가장 이상적이다. 그러나 연구 자료 수집의 한계로 인해 유사 종적 연구를 사용한 연구들이 많다. 다음 소개할 연구도 유사 종적 연구를 사용한 연구 중 하나이다.

> 김선영(2019).「한국어 학습자 중간언어의 시간 표현 체계 및 변이 양상」, 연세대학교 대학원 박사학위 논문.

위 연구는 중간언어의 관점에서 학습자의 언어를 고찰하고 학습자들이 한국어를 학습하면서 한국어 목표어의 체계와 가까워지는 과정에서 일어나는 변이 양상에 초점을 두고 분석하였다. 이를 위해 학습자 말뭉치에서 나타난 시간 표현 표지와 의미 기능 간의 관계를 분석함으로써 중간언어의 시간 표현 체계를 밝혀내고, 언어학적 맥락에 따른 시간 표현의 변이 양상을 살펴봄으로써 중간언어의 체계성을 탐색해 보고자 하였다.

1) 분석 대상

해당 연구는 국립국어원의 〈한국어 학습자 말뭉치 구축 사업〉을 통해 구축된 '한국어 학습자 말뭉치' 자료를 분석하였으며 초급부터 최고급까지의 여러 단계에 있는 학습자들의 자료를 몇 년 동안 대규모로 구축한 자료이기 때문에 유사 종적 연구이다. 영어권 한국어 학습자의 말뭉치를 대상으로 하였으며 이주민과 국외 학습자의 말뭉치는 제외하고 국내 학습자 자료를 분석 대상으로 하였다. 또한 국내 학습자 자료 중에 문어 자료만을 분석 대상에 포함하고 구어 자료는 제외하였다.

2) 분석 방법

해당 연구는 중간언어의 시간 표현 체계를 밝혀내기 위하여 기능 분석을 수행하는 과정 중 하나로 빈도 분석을 수행하였다. 학습자 말뭉치에서 나타나는 모든 시간 표현 표지와 이것이 문장이나 전체 담화에서 수행하고 있는 의미 기능의 빈도를 조사하고, 시제나 동작상의 의미 기능을 수행하기 위해 사용된 시간 표현 표지의 빈도를 모두 조사하였다. 또한 중간언어에서 나타나는 시간 표현의 변이 양상을 분석하고 목표어 체계와 다른 변이형을 사용한 부분의 빈도를 분석하였다.

본 장에서는 변이 빈도 분석만을 살피도록 하겠다. 변이 측정 결과 시간 표현 표지의 변이 유형 중에서 가장 많이 나타난 변이 유형을 중심으로 언어학적 맥락과 학습 단계에 따른 표지들의 변이 양상을 빈도 분석을 통해 자세히 살펴보았다. 시간 표현 표지 중 가장 많이 사용된 현재 시제 표지인 'Ø'의 변이 양상을 살피도록 하겠다.[3]

3) 분석 결과

'Ø' 표지는 활용과 대치의 두 가지 변이 유형만 나타났다. 활용은 2급에서 가장 많이 나타났으며 학습 단계가 높아짐에 따라 빈도가 줄어들었다. 초급의 단계에서 상대적으로 많이 나타나는 이유는 용언의 품사나 받침의 유무 등에 따라 'Ø', '-는-', '-ㄴ-'의 형태를 달리 사용해야 하는데 초급 단계에서는 변이형을 선택할 때 이런 제약들에 대한 고려가 상대적으로 어렵기 때문인 것으로 볼 수 있다. 따라서 'Ø' 표지와 결합하는 용언의

---

3 김선영(2019)에서 현재 시제를 나타내는 표지는 따로 분리하지 않고 'Ø'를 현재 시제를 나타내는 표지('-는-')의 대표형으로 삼아 표시하였다.

품사별 빈도를 조사해 보니 동사 활용에서 전체 89개 중 48개로 53.9%로 가장 많은 변이가 나타났다. 각 급의 빈도를 살펴보면 2급 19(21.3%), 3급 8(9%), 4급 15(16.9%), 5급 4(4.5%), 6급 2(2.2%)개로 집계되었다. 다음으로는 형용사 활용에서 1급 1(1.1%), 2급 11(12.4%), 3급 8(9%), 4급 2(2.2%), 5급 6(6.7%), 6급 6(6.7%)개로 전체 34건, 38.2% 등장하였다. '-이다'와의 결합에서 2급 5(5.6%), 5급 1(1.1%), 6급 1(1.1%)개로 전체 7건, 7.9%로 가장 낮게 등장하였다. 동사와의 결합에서는 고급에서 활용 변이의 빈도가 4급보다 줄어드는 것으로 나타났으나 형용사와의 결합에서는 4급보다 증가했다. '-이다'와의 결합에서는 2급에서 활용 변이가 조금 나타나고 전반적으로 거의 나타나지 않았다. 전체 89개의 동사와 형용사 중에서 12개를 제외한 나머지는 모두 용언에서 '-다' 앞에 받침이 없는 형태였고, 그 중에서 33개가 '-하다' 꼴의 형태를 가지고 있었다. 이를 통해 학습자들이 받침이 없는 용언, 특히 '-하다' 형태의 용언을 사용하는 경우 목표어와 다른 변이형을 선택할 가능성이 크다는 것을 알 수 있었다.

 대치 변이 양상을 살펴보면 목표어 체계와 다른 변이형으로 '-었-'(62.7%), '-는'(13.3%), '-은'(8.4%), '-을'(6%), '-겠-'(4.8%), '-을 것이-'(4.8%)의 6가지 표지를 사용하고 있었다. 과반수를 차지하고 있는 '-었-'과의 대치에 대해서 살펴보자면 특히 2급에서 전체 15건(28.8%)이 등장하였는데 이로부터 초급 단계에서 '-었-'이 연결어미와 결합할 때 갖는 제약을 잘 인지하지 못하고 과거의 사태를 표현하기 위해 '-었-'을 사용한다는 것을 알 수 있었다. 이런 현상은 중급에서 고급으로 가면서 줄어드는 것으로 나타나는데 고급에서는 과거의 사태를 표현한다고 하더라도 무조건 '-었-'을 사용하지 않고 문법적 제약으로 인한 변이형의 선택을 목표어 체계와 유사하게 하고 있음을 알 수 있다.

4) 연구의 의의와 한계

위 연구는 말뭉치를 활용하여 한국어 학습자의 중간언어에서 나타난 시간 표현에 관한 다각적인 분석을 통해 중간언어 체계와 변이의 체계성을 밝히고자 기능 분석, 필수 경우 분석, 그리고 빈도 분석을 적용해 분석하였다는 점에서 의의가 있다.

참고문헌

김선영(2019). 「한국어 학습자 중간언어의 시간 표현 체계 및 변이 양상」, 연세대학교 대학원 박사학위 논문.

정은선(2018). 「한국어 계승어 화자의 장형 부정문 습득」, 『이중언어학』 72호, 이중언어학회, 255-280.

Bley-Vroman, R. (1983). The comparative fallacy in interlanguage studies: The case of systematicity. *Language learning*, 33 (1), 1-17.

Cancino, H., E. Rosansky, & J. Schumann (1978). The acquisition of English negatives and interrogatives by native Spanish speakers, *Second language acquisition: A book of readings*, 207-230.

C Perdue & W Klein (1992). Why does the production of some learners not grammaticalize? *Studies in Second Language Acquisition*, 14 (3), 259-272.

Ellis, R. (1984a). Communication strategies and the evaluation of communicative performance, *ELT journal*, 38 (1), 39-44.

Ellis, R. (1988). The effects of linguistic environment on the second language acquisition of grammatical rules, *Applied Linguistics*, 9 (3), 257-274.

Ellis, R. (1994). *The study of second language acquisition*, Oxford University.

Ellis, R. & Barkhuizen, G. P. (2005). *Analysing learner language*. Oxford: Oxford University Press.

Nina Spada & Lightbown, Patsy M. (1999). Instruction, first language influence, and developmental readiness in second language acquisition, *The Modern Language Journal*, 83 (1), 1-22.

Thom Huebner (1979). Order-of-acquisition vs. dynamic paradigm: A comparison of method in interlanguage research, *TESOL quarterly*, 21-28.

제4장
형태-기능 분석
(Form-functional Analysis)

1. 형태-기능 분석 방법 및 분석 절차

1) 분석의 목적

 형태-기능 분석은 연구자가 학습자의 도해 그리기(mapping)에 따라 어떻게 언어적 형태의 기능들을 수행해 나가는가를 연구하기 위한 방법이다. 따라서 학습자의 중간언어 체계를 인정하고 중간언어가 역동적으로 변이(variation)를 만들어 내면서 자리를 잡아가는 과정을 연구하는 것에 목적을 둔다. 형태-기능 분석은 특정 언어 형태를 출발점으로 하는데 학습자가 특정 문법적 형태가 가지는 의미적 기능들을 역동적으로 재평가하며 습득 과정에 나타나는 해당 형태의 다양한 기능들을 조사하므로 학습자 언어의 가변성을 연구하는 도구로 사용될 수 있다. 빈도 분석과 유사하나 학습자가 의사소통을 위해 특정 형태를 어떻게 사용하는지를 알 수 있다는 점에서 빈도 분석과의 차이가 있으며 횡적 연구로도 사용될 수 있지만 학습자들이 시간이 지남에 따라 기능 수행을 위해 언어 형태의 기능을 어떻게 재정비해가며 수정해 나가는지를 보여주기 때문에 종적 연구에서 많이 사용된다.

2) 분석 자료

형태-기능 분석의 분석 자료는 보통 종적 연구의 결과물로 학습자가 장기간에 걸쳐 하나의 특정 형태를 어떤 기능으로 사용하는지를 기록한 자료를 사용한다. 문어나 구어의 자료를 구분하지는 않지만 의사소통 과정에서 발생하는 자연 발화가 연구 대상이므로 구어 자료가 더 적절하다. 자연스러운 언어 사용 자료를 사용하는 것이 더 좋지만 특정 형태를 분석해야 하기에 보통 연구하고자 하는 형태를 발화하도록 유도하는 인터뷰 자료를 사용하거나 말뭉치를 기반으로 한 유사 종적 자료를 사용한다.

3) 분석 절차

Ellis & Barkhuizen(2005)은 형태-기능 분석 방법을 다음의 네 가지로 나누었다.

(1) 연구할 언어 형태 선택
(2) 선택한 언어 형태가 나타난 모든 학습자 언어 샘플 추출
(3) 해당 형태의 기능 설정
(4) 해당 형태가 수행된 각 기능의 빈도 계산

다음은 각 단계별로 수행해야 하는 내용들이다.

(1) 연구할 언어 형태를 선택한다.

선택된 형태는 목표어인 한국어의 '에서'일 수도 있고 '에서'를 의미하는 중간언어(발화자의 억양이 반영된 '에소'와 같은) 형태일 수도 있다. 일반적으로 기존 선행 연구에서는 비교 오류를 피하기 위해 중간언어의 체계를 인정하여 중간언어 형태로 기록하는 것을 더 선호하였다.

(2) 선택한 언어 형태가 나타난 모든 학습자 언어 샘플을 추출한다.

형태-기능 연구에서는 선택한 언어 형태를 사용하도록 끌어내는 연구 방법보다 학습자 언어의 일반 샘플들을 탐색하여 해당 형태 사용 예시들을 추출하는 방법이 더 선호된다. 데이터를 끌어냈을 경우에는 임상적인 경우라 할지라도 학습자들의 형태 선택과 사용이 왜곡될 위험이 크기 때문이다. Bahns & Wode(1980)의 연구에서 두 독일 아이들의 don't와 didn't의 형태-기능 사용 분포가 자연적 발화에서는 명확한 증거가 나타났지만 구조화된 인터뷰에서는 나타나지 않았고, Hyltenstam(1984)는 유도된 자료에서는 특정 형태의 유형화(patterning)를 발견하기가 어렵다고 한 것과 관련이 있다.

(3) 해당 형태의 기능들을 설정한다.

'기능'은 의미적 기능, 의미-문법적 기능, 화용적 기능, 담화 기능으로 나뉠 수 있다. 비록 중간언어 체계를 구성하는 형태-기능의 사용을 연구하기 위해서는 4가지 기능 연구가 모두 필요하지만, 일반적으로 분석할 때는 이 중 하나를 선택한다.

(4) 해당 형태가 수행된 각 기능의 빈도를 구한다.

형태가 수행된 기능의 빈도 분석은 학습자의 형태 사용의 유형화(patterning)를 파악할 수 있게 해 준다. 즉, 각 발달 단계에서의 해당 형태의 지배적 기능을 볼 수 있게 해주는데 이것은 학습자가 추후 단계에서 보이는 같은 형태의 사용과 비교하여 연구될 수 있다. 이렇게 함으로써 학습자가 그들의 중간언어를 어떻게 재구조화하는지, 그리고 목표어의 규범에 도달하는지의 여부를 확인할 수 있다.

4) 분석 결과의 해석

아래의 표에 나열된 사례는 김영선·최선숙(2016)의 연구에서 사용된 한국어 초급 2급 학습자의 조사 '에'의 발화 일부를 활용하여 개작한 것이다.

〈표 1〉 조사 '에'의 학습자 발화 사례

시기	발화	맥락
6주차	학교 가요 도서관에 있어요 이번 주말에 같이 극장에서 갈까? 한 사람 만 원씩 내세요. 주말 친구하고 영화를 보러 갑니다. 여름방학 어디에 여행을 갈 겁니까? 여수 시에도 가 봤어요. 우리 동네에는 공원이 많아요. 나 도서관에 숙제하러 가.	하루 일과 친구와 약속하기 방학 계획 동네 설명
12주차	오키나와는 일본하고 비하면 문화뿐만 아니라 인간성도 달라요. 어제에 제 생일이었어요. 태국에 여행하러 가요. 이번 유학을 가기로 결정되었어요. 교환 유학생으로 내년 한국에 가게 되었습니다.	고향 설명 주말 이야기 휴가 이야기 한국에 처음 온 날 이야기

	몇 시에 집에 왔어? 그럼 내일에 봐. 집이 불이 났어요.	전화 통화 사고 경험
18주차	내 생각에서는 매일 윗몸일으키기를 100회 해요. 낮에 열심히 공부하는 반면에 밤은 일찍 자요. 할머니가 아침은 일찍 일어나고 밤은 빨리 자라고 합니다. 주말에 가평에 물놀이를 하러 갈까 해요. 수업 중에 떠들면 안 됩니다. 5세 이하의 아이들 한해서 요금이 무료에요 비행기를 타면 그 의자 위에 이불이 있잖아요. 이전 했던 공부를 계속할 거예요. 도중에서 그만두는 것이 싫다고 해요.	건강해지기 위한 노력 규칙 이야기 미래 계획

조사 '에'의 형태는 다음과 같이 나타났다.

-생략(예: 학교 가요)
-에(예: 도서관에 공부해요)
-에서(예: 공원에서 산책하러 가요)
-은/는(예: 밤은 일찍 자요)
-하고(예: 한국은 일본하고 비하면)
-이/가(예: 집이 불이 났어요)

이 형태들이 어떤 기능을 수행하기 위해 발화되었는지 다음의 표에 빈도를 제시하였다.

〈표 2〉학습자 발화에서 조사 '에'의 기능 수행에 따른 빈도

기능\형태	6주차	12주차	18주차
장소	에(4)	이(1)	에서(1), 에(2)

형태-기능 분석   117

시간	생략(2)	생략(2), 에(2)	에서(1), 에(3), 은/는(1), 생략(1)
진행 방향	에서(1)	에(3)	
기준 단위	생략(1)		생략(1)
비교 대상		하고(1)	

조사 '에'의 기능에 따른 형태를 살펴보면 장소 부사어임을 나타내는 부사격 조사의 기능은 1급 학습 초기 단계에 집중적으로 학습되어 많이 발화되었다. 12주차와 18주차에는 학습하게 되는 조사가 다양해져 '에'의 기능에 해당하는 형태가 더 복잡하게 사용된 것으로 보인다. 시간 부사격 조사인 '에'는 초반에 학습하지만 장소 부사격 조사 '에'와 혼선이 일어나 생략이 많이 되었다가 18주차가 되어 여러 다양한 형태로 사용되었다. 진행 방향 기능의 '에'는 초반부터 '에서'의 기능과 혼선을 빚다가 중간 과정부터는 '에'로 자리 잡는 모습을 보였다. 기준 단위와 비교 대상을 위한 '에'의 사용은 많이 등장하지 않았다고 분석해 볼 수 있다.

Ellis & Barkhuizen(2005)에서는 학습자 중간언어와 관련하여 3가지 주장을 소개하였는데 이를 위의 연구에 적용해 보면 다음과 같은 해석이 가능하다.

첫째, 형태는 기능에 따라 체계적으로 분배되어 사용된다. 위 사례에서 장소와 관련된 부사격 조사인 '에'와 '에서'가 장소와 함께 등장한다는 것이 이를 뒷받침한다.

둘째, 중간언어에서 형태와 기능의 유형화(patterning)는 독자적이다. 한국어에서 '어제'라는 시간의 의미를 가진 어휘 뒤에는 격조사 '에'를 사용하지 않지만 위 사례에서 사용한 것이 그 예이다.

셋째, 유형화(patterning)는 시간에 따라 변화를 겪으며 이는 중간언어가 형태-기능 도해 그리기(mapping)에 있어서 역동적인 체계를 가지고 있다는 것을 의미한다.

2. 한국어교육의 형태-기능 분석 연구 경향

형태-기능 분석은 특정 형태의 중간언어의 변이성을 살펴보기 위한 방법인데 한국어교육에서의 언어적 형태와 그 기능에 대한 연구는 대체로 중간언어 체계를 바탕으로 한 연구라기보다는 목표어를 기준으로 목표어의 의미 기능을 분류하고 이것과 비교되는 학습자의 언어를 분석하거나 그 습득 순서 및 양상을 목표어의 정답률에 따라 판단하는 연구들이 대부분이다.

한국어 학습자의 숙달도에 따라 진행된 형태-기능 연구로는 궈진·김영주(2016), Wang Hao(2019), 홍수민(2018), 김선영(2019) 등이 있다. 궈진·김영주(2016)는 면담이 아닌 문법성 판단 테스트를 통해 중국인 학습자의 부사격 조사 '에'의 습득 양상을 살피고자 했다. 구체적으로는 TOPIK 중급과 고급 중국인 학습자들의 부사격 조사 '에'에 대한 문법성 정도를 파악하고 숙달도와의 관계를 검토하였다. 한국 거주 기간이 1년 이상이며 21세 이상 30세 미만의 토픽 3급, 4급, 5급, 6급을 취득한 중국인 학습자 각 30명씩, 총 120명이 실험에 참가하였으며 문법성 판단 테스트를 준비하는 과정에서 80명의 한국어 모어 화자가 참여하였다. 테스트 후 1차와 2차 검토에서 한국어 모어 화자 55명이, 그리고 결과에 대한 적합성 판단 및 중국인 학습자 집단과의 비교 대상으로 20대와 30대의 남학생 3명, 여학생 12명의 한국어 모어 화자가 참여하였다. 마지막으로 적정 소요 시간을 결정하기 위한 최종 검토에서 본 실험 참가자와 별도로 20대와 30대의 한국어 모어 화자 5명과 중국인 학습자 4명이 참여하였다. 이에 따른 결과로 부사격 조사 '에'의 용법별 정답률에서 '에'의 용법들을 정확하게 습득하지 못하였음을 보여주었는데 활용(83.63%), 수혜(81.31%), 인지/감정(79.24%) 용법에서 높은 정답률을 보였고 수단/도구(63.77%), 첨가(60.09%), 장소/위치(59.69%) 용법에서 낮은 정답률을 보였다. 이어서 숙달도별 평균 정답률을 보면 숙달도가 향상될수록 정답률이 높아졌으나 4급 이후의 집단들 간 정답률 차이는 유의미하지 않았다. 이 연구는 전체 학습자의 용법별 습득을 파악하고 숙달도별 전체 정답률을 살핀 것으로 형태-기능 분석의 학습 단계별 사용되는 형태 '에'의 기능에 초점을 맞췄다는 점에서 일종의 형태-기능 분석으로 볼 수 있다.

 홍수민(2018)은 숙달도에 따른 조사 '은/는'의 중간언어 변이 양상을 살펴보고 중간언어 변이 과정을 체계화하는 것에 목적을 두었는데 '은/는'이 지니는 대표적인 의미 기능인 '주제·화제', '대조'를 바탕으로 연구 자료를 구성하고 연구를 진행하였다. 피험자는 모두 베트남 학습자로 20대 초반부터 후반까지의 현재 대학교 언어교육기관에서 한국어를 공부하고 있는 학습자들을 선정하였다. 학습자들의 숙달도는 초·중·고급에서 각 급별 20명씩 총 60명으로 구성하였고 서로 다른 언어교육기관 세 곳에서 선발하였다. 이 연구에서는 문어와 구어의 차이에서 나타나는 다양한 과제들을 사용하였는데 문어 과제는 문법성 판단 테스트로, 구어 과제는 그림 보고 이야기 구성하기와 인터뷰의 두 가지 유형으로 구성하였다. 홍수민(2018)은 과제 유형에 따라 변이가 다르게 나타날 것이라고 판단하였는데, 그 결과를 표로 정리하면 다음과 같다.

〈표 3〉 과제 유형에 따른 숙달도별 '은/는'의 변이 빈도 (홍수민, 2018)

과제 유형 변이형태	문법성 판단 테스트			그림 보고 이야기 구성하기			인터뷰		
	초급	중급	고급	초급	중급	고급	초급	중급	고급
이/가	51	62	60	36	50	90	22	17	24
을/를	29	28	30						
생략	6	3	8	63	42	0	55	50	31
에	6	1	0						
에서				0	0	0	8	10	12
이형태				5	8	0	0	4	10

이 연구에서 조사 '은/는'은 과제 유형과 숙달도에 따라서 다른 변이 양상이 나타났는데 이것은 중간언어의 변화성과 다양성을 보여준다고 해석하였다. 변이 양상으로는 동사 유형에 따라 '을/를'의 변이가 나타났고 특정 명사에서는 '에, 에서, 에는, 에서는'의 변이가 나타났다. 또한 문장에서 앞부분에 위치할 때 '이/가'의 변이가 나타났다. 이러한 양상은 초급에서부터 고급까지 지속적으로 나타나고 있으며 고급 학습자들에게도 '이/가'의 변이가 많이 나타나는 것을 확인하였다. 이 연구는 각 기능과 관련지어 형태를 분석하기보다는 사용된 형태에 대한 언어적 요인과 심리적 요인을 분석하였기 때문에 형태-기능 분석과는 연구의 맥락이 조금 다르다고 볼 수 있다.

한편 Wang Hao(2019)는 문법 항목 선어말 어미 '-겠-'의 의미를 규명하고 국립국어원에서 2015~2017년에 구축한 한국어 학습자 말뭉치를 분석 자료로 하여 외국인 학습자들의 '-겠-'의 사용 양상을 분석하였다. 초급 학습자들의 언어 자료에서는 [의지]의 의미 유형이 더 많이 나타났으며

---

1 빈칸은 홍수민(2018)에서 유의미하다고 판단하지 않아 제공하지 않은 수치이다.

숙달도가 향상될수록 [의지]와 [완곡]을 제외한 다른 의미가 더욱 빈번하게 사용된다는 결론과 함께 특히 [예정]과 [근접]의 의미 유형은 숙달도가 높아질수록 사용된다는 것을 발견하였다. 의미 유형의 비율을 살펴보면 초급에서는 [완곡] > [의지] > [추측] > [예정] > [근접] > [가능]의 순으로, 중급에서는 [의지] > [완곡] > [근접] > [예정] > [추측] > [가능]의 순으로 나타났으며 고급에서는 [예정] > [완곡] > [추측], [근접] > [의지] > [가능] > [근거 제시] 순으로 사용되었다고 밝혔다. 이 연구는 유사-종적 연구로 학습자들의 말뭉치를 활용하여 숙달도별 사용된 형태 '-겠-'의 의미 기능이 어떻게 자리 잡히는지 파악하였다는 것에 의의가 있다.

이 외에 형태-기능 분석이 일부 적용된 연구를 찾아볼 수 있었으나 중간언어에서 나타나는 언어 형태의 다양한 변이형과 체계 발달 양상을 분석하기 위한 종적 연구가 이루어지지 않았다는 한계가 있으며 대부분의 실험 연구가 유도된 인터뷰나 문법성 판단 테스트의 답변으로 이루어져 학습자의 역동적인 언어 발달 양상은 살펴 볼 수 없었다. 즉, 형태-기능 도해가 제대로 반영되어 있지 않았다.

3. 형태-기능 분석 방법의 실제

한국어 학습자를 대상으로 한 연구 중에 형태-기능 분석을 사용한 최근의 논문 한 편을 살펴보겠다. 이 연구는 유사 종적 연구로 한국어 학습자의 말뭉치를 바탕으로 학습자의 중간언어에서 나타나는 시간 표현 표지와 의미 기능 간의 관계를 분석하여 중간언어의 시간 표현 체계를 밝혀내고 언어학적 맥락에 따른 시간 표현의 변이 양상을 살펴봄으로써 중간언어의 체계성을 탐색해 보고자 하였다. 논문 전체는 네 개의 연구 문제로 구성되어 있는데, 그중 첫 번째로 한국어 학습자의 중간언어에서 시간 표현 표지가 학습 단계별로 어떤 의미 기능을 수행하고 있는지 형태-기능 분석을 통해 밝히고자 하였다.

> 김선영(2019).「한국어 학습자 중간언어의 시간 표현 체계 및 변이 양상」, 연세대학교 박사학위 논문.

1) 분석 대상

해당 연구는 2019년 현재 구축 중에 있는 국립국어원의 '한국어 학습자 말뭉치' 자료를 분석하였다. 초급부터 고급까지 학습자들의 자료 중에 영어권 학습자의 1급부터 6급의 자료를 분석하여 한국어 학습자의 언어 발달 양상을 본 유사 종적 연구이다.

2) 분석 방법

(1) 언어 형태 선택

본 연구는 '과거-현재-미래'의 삼분법 체계의 관점에서 과거 시제의 문법 표지로는 '-었-'과 '-었었-'을, 현재 시제 문법 표지로는 '∅[2](-는-)'을, 그리고 미래 시제의 문법 표지로는 '-겠-', '-을 것이-'를 분석하고자 하는 형태로 선택하였다. 또한 동작상을 나타내는 문법 표지에서는 완료상으로 '-어 있-'과 '-고 있1-'[3]을 인정하였으며 진행상으로는 '-고 있2-'를 인정하였

---

2 김선영(2019)에서 현재 시제를 나타내는 표지는 따로 분리하지 않고 '∅'를 현재 시제를 나타내는 표지('-는-')의 대표형으로 삼아 표시하였다.
3 '-고 있1-': [완료(지속)] 예) 안경을 쓰고 있을 때 더 멋있어 보인다.

지만 '-고 있1-'과 '-고 있2-'를 나누어서 분석하지 않고 하나의 형태로 분석하되 의미 기능을 분석할 때 나누어서 제시하였다. 또한 양태를 개념 범주로 규정하고 시제와 동작상을 나타내는 표지들이 양태적 의미를 포함하고 있는 것으로 보았으며 관형사형 어미의 종류로는 동사(있다/없다 포함)는 과거 '-은'과 '-던', 현재 '-는', 미래 '-을'을 살폈으며 형용사와 '-이다'는 과거 '-던', '-은', '-을'을 살폈다. 여기에서는 김선영(2019)에서 선택한 11개의 언어 형태를 모두 보지 않고 삼분법 체계의 관점에서 현재 시제 문법 표지인 '∅'와 과거 시제 문법 표지 '-었-'의 기능-형태 분석만을 살펴보도록 하겠다.

(2) 언어 형태 샘플 추출

2015년부터 2017년까지 수집한 한국어 학습자의 원시 말뭉치 형태의 자료를 기본으로 하여 오류 주석 말뭉치를 분석 대상으로 하였다. 오류 주석 말뭉치는 중간언어 분석을 통해 결과를 일반화할 수 있다는 점에서 의의가 있다. 원시 말뭉치 약 180만 어절에서 오류 주석 말뭉치는 약 36만 어절로 표본 수가 2400개 정도이다. 여기에는 46개 언어권의 학습자 자료로 1급부터 6급까지의 자료[4]가 포함되어 있다. 이중 영어권 한국어 학습자만을 대상으로 하여 총 어절 수는 32,038어절이고 표본 수는 275개이다. 이 연구에서는 시간 표현 표지나 의미 기능의 빈도를 분석하기 위해 해당 말뭉치에서 절의 수를 계산하였고 오류 주석 부분만 보는 것

'-고 있2-': [진행] 예) 그때 전화하고 있었어요.
4 1급에서 1,026개의 문장과 1,477개의 절이 계산되었고 2급에서 769 문장, 1,970 절, 3급에서 550 문장, 1,640 절, 4급에서 525 문장, 1,889 절, 5급에서 508 문장, 1,998절, 6급에서 443 문장, 1,792 절의 수가 계산되었다. 총 3,821개의 문장과 10,761개의 절이 분석 대상이 되었다.

이 아니라 문장 전체를 대상으로 분석하였다. 이때 글의 제목이나 분석할 수 없는 문장 등을 제외하였다. 여기에서 시간 표현 표지가 나타난 부분을 모아 의미 기능별로 분류를 하였으며 목표어 체계와 같지 않은 변이형 또한 변이로 분류[5]하였다. 변이 유형은 활용, 대치, 과잉 사용, 생략 4가지로 판단하였다.

(3) 형태의 기능 설정

위 샘플을 추출하는 과정에서 주석으로 의미 기능을 분류하여 기초 자료를 구성하였다. 'Ø'와 '-었-' 표지의 의미 기능은 다음과 같이 정리하였다.

〈표 4〉 시간 표현 표지 'Ø'와 '-었-'의 의미 기능 (김선영, 2019)

표지	의미 기능
Ø(-는-)	[현재 사태], [가까운 미래/예정된 미래], [보편적 사실/진리], [역사적 현재], [습관적으로 반복되는 사실]. [선어말어미 제약(절대 시제)], [현재 사태(절대 시제)], [관용적 표현에서의 사용]
-었-	[과거 사태], [미래의 일에 대한 확신/단정], [완료(지속)], [(관용적) 현재의 어떤 사실]

(4) 각 기능의 빈도 계산

학습 단계별 시간 표현 표지의 사용 빈도로는 모든 급에서 'Ø'이 가장 많이 등장하였으며 그 다음으로 '-은'을 많이 사용한 5급과 6급을 제외하고 '-었-'이 가장 많이 등장하였다. 'Ø'과 '-었-'의 등장 개수는 다음의 표에 정리하였다.

---

5 '-겠-'을 '-겟-'으로 사용하는 등의 형태를 잘못 사용한 것은 변이로 분류하지 않았다.

〈표 5〉 'Ø'와 '-었-'의 학습 단계별 빈도 (김선영, 2019)

표지	1급	2급	3급	4급	5급	6급	합계
Ø	1,021 (9.8%)	1,012 (9.7%)	739 (7.1%)	951 (9.2%)	1,033 (9.9%)	794 (7.6%)	5,550 (53.4%[6])
었	128 (1.2%)	369 (3.6%)	330 (3.2%)	254 (2.4%)	158 (1.5%)	265 (2.6%)	1,504 (14.5%)

3) 분석 결과

(1) 'Ø'의 형태-기능 분석

시간 표현 표지 'Ø'은 모든 단계별 학습자가 가장 많이 사용하였으며 수행하는 의미 기능도 16가지로 가장 많았다. 초급에서 가장 많이 나타났지만 1급부터 6급까지 골고루 많이 사용되었다. 'Ø'의 의미 기능으로는 현재 사태(3,691) > 습관적으로 반복되는 사실(544) > 선어말어미 제약(과거 사태)(441) > 관용적 표현에의 사용(304) > 보편적 사실/진리(192) > 선어말어미 제약(미래 사태)(168) > 과거 사태(131) > 완료(지속)(20) > 가까운 미래/예정된 미래(17) > 의지/의도(16) > 현재 사태(과거 사태)(11) > 추측/추정(6) > 완곡한 표현(3) = 미래의 일에 대한 확신/단정(3) > (과거의 어느 시점에 완료된) 현재와는 다른 사태(2) > 미래 사태(1) 순으로 사용되었는데 [현재 사태], [습관적으로 반복되는 사실], [선어말어미 제약(과거 사태)], [보편적 사실/진리], [선어말어미 제약(미래 사태)], [과거 사태]의 6가지 의미 기능은 1급부터 6급까지 모두 사용되었고 'Ø' 표지는 대부분 현재 시제를 나타내는 데에 사용되고 있었다. 그리고 [의

---

[6] 백분율은 김선영(2019)에서 분석한 전체 11개의 시간 표현 표지의 빈도(10,389개)가 100%로 계산된 것이다.

지/의도], [추측/추정] 등과 같은 미래 시제 표지를 통해 수행되어야 하는 의미 기능들은 초급에서 나타났다가 고급에 가면 사라진다는 것을 알 수 있는 반면 [과거 사태]나 [완료(지속)] 등과 같은 과거 시제 표지를 통해 수행되는 의미 기능들은 상대적으로 고급에 가서도 '∅' 표지와 결합되어 있다는 것을 알 수 있었다.

(2) '-었-'의 형태-기능 분석

'-었-'의 의미 기능은 10가지로 나타났으며 과거 사태(1,253) > 완료(지속)(147) > 선어말어미 제약(과거 사태)(28) > 현재 사태(21) > (과거의 어느 시점에) 완료(20) > 미래의 일에 대한 확신/단정(17) > (과거의 어느 시점에 완료된) 현재와는 다른 사태(10) > 습관적으로 반복되는 사실(6) > (관용적) 현재의 어떤 사실(1) = 의지/의도(1) 순으로 사용되었다. [과거 사태], [완료(지속)], [현재 사태], [(과거의 어느 시점에) 완료] 네 가지는 1급부터 6급까지 모두 나타났으며 [(과거의 어느 시점에 완료된) 현재와는 다른 사태]는 2급에서는 나타나지 않았지만 1급부터 나머지 학습 단계에서 낮은 빈도지만 모두 나타났다. [선어말어미 제약(과거 사태)], [습관적으로 반복되는 사실]은 2급부터 나타나기 시작하며 [미래의 일에 대한 확신/단정]은 3급부터 나타나서 6급까지 지속적으로 사용되었다. 학습자들의 중간언어에서 '∅'가 수행하는 의미 기능인 [현재 사태]와 [선어말어미 제약(과거 사태)]도 '-었-'을 사용하여 나타내는 것을 알 수 있었으며 '-었-' 표지와 [현재 사태]의 연결은 고급에 가서도 유지되고 그 빈도가 증가하는 반면 [선어말어미 제약(과거 사태)]는 그 빈도가 감소했다. 중간언어에서 '-었-'은 2급부터 많은 의미 기능과 결합하며 과거 시제의 수행은 고급에서 비교적 초급보다 빈도가 줄어드는 반면 완료상의 수행은 초급보다 고급에서 더 많이 나타났다.

　형태-기능 분석을 통해 알게 된 학습자의 유의미한 중간언어 시간 표현의 기능적 분석의 결과는 다음과 같이 정리할 수 있다.

　첫째, 대부분의 시간 표현 표지들은 목표어의 체계에서 시간 표현 표지와 연결된 의미 기능보다 훨씬 다양하고 많은 의미 기능을 수행하고 있었음을 알 수 있었다. 특히 1급에서 개별 표지와 연결된 의미 기능의 수가 가장 적었고 3급과 4급에 가서 가장 많은 의미 기능과 연결되었다고 하였다.

　둘째, '∅'표지와 '-었-'의 표지는 많이 사용되는 만큼 연결된 의미 기능들도 많았다.

　셋째, 미래 시제를 나타내는 '-겠-'과 -을 것이-'의 경우에 비슷한 의미 기능을 수행하고 있었지만 '-을 것이-'의 사용빈도가 더 높았다. 학습자들은 초급에서는 '-겠-'을 시간적 개념을 표현하기 위해 사용했으나 중급 이후로는 담화적 의미 기능을 수행하기 위해 사용하는 경우가 많았다.

　넷째, '-고 있-'은 완료상뿐만 아니라 진행상을 나타내기도 하는데 완료상보다는 진행상을 나타내는 경우가 많았고 완료상을 수행하는 의미 기능보다 더 일찍 나타났다. 따라서 중간언어의 체계에서 [진행]의 의미 기능이 [완료(지속)]의 의미 기능보다 '-고 있-'과 먼저 연결된다는 것을 알 수 있었다.

　다섯째, 학습자의 중간언어에서 관형사형 어미들은 시간적 개념을 표현하는 경우보다는 [단순 수식]의 의미 기능을 수행하는 경우가 많았다. 특히 '-을'의 표지 경우에는 대부분이 [단순 수식]의 의미 기능을 수행하고 있었다. '-는'은 '-은'과 다르게 앞에 결합하는 용언의 품사에 따라 지시하는 의미 기능이 바뀌지 않는데 '-은'에서는 [단순 수식] 의미 기능이 가장 많았던 반면에 '-는'의 사용에서는 현재 시제를 나타내는 의미 기능이 가장 많았다.

4) 연구의 의의와 한계

김선영(2019)은 실제 학습자의 문어 말뭉치 자료를 바탕으로 숙달도에 따른 시간 표현의 표지별 사용된 각 기능을 목표어 체계에만 맞춘 것이 아니라 중간언어의 기준으로 분석하였으며 장기간 수집된 말뭉치를 활용하여 1급부터 6급까지의 학습자의 실제 언어를 분석하였기에 Ellis & Barkhuizen(2005)에서 설명하고자 하는 형태-기능 분석 방법과 가장 유사하게 진행하였다. 비록 자연스러운 환경에서 일어나는 자유 발화가 아니고 문어 말뭉치가 분석된 것이지만 장기간에 걸쳐 대량으로 수집된 말뭉치 자료를 활용하였기 때문에 숙달도별 기능 분석이 어느 정도 타당한 것으로 보인다. 또한 중간언어에서 나타나는 목표어와는 다소 다른 의미 기능을 수행하는 것도 분석하여 중간언어 자체로 분석하였다는 것에 큰 의의가 있다.

참고문헌

귀진·김영주(2016). 「문법성 판단 테스트를 통해 본 중국인 학습자의 부사격 조사 "에"의 습득 양상」. 『국어교육연구』 37권, 서울대학교 국어교육연구소, 1-28.

김선영(2019). 「한국어 학습자 중간언어의 시간 표현 체계 및 변이 양상」. 연세대학교 대학원 박사학위 논문.

김영선·최선숙(2016). 「일본인 한국어 학습자의 '-에' 오류 연구」. 『우리말연구』 44권, 우리말학회, 197-222.

홍수민(2018). 「과제 유형에 따른 베트남 학습자의 중간언어 변이 양상 연구: 조사 '은/는'을 중심으로」. 숙명여자대학교 대학원 석사학위 논문.

Wang Hao(2019). 「한국어 학습자를 대상으로 한 '-겠-' 의미별 사용 양상 연구」. 『학습자중심교과교육연구』 19권 6호, 학습자중심교과교육학회, 505-527.

제5장
기능-형태 분석
(Functional-form Analysis)

1. 기능-형태 분석 방법 및 분석 절차

1) 분석의 목적

중간언어 발달이 의사소통적 필요에 의해 진행된다는 많은 연구자의 주장에 따라 제2언어 습득에 대한 이해를 돕기 위해서는 학습자가 각 발달 단계에서 어떠한 기능을 수행하고 있는가를 보는 것이 중요하다. 기능-형태 분석은 특정 언어 기능을 출발점으로 하여 해당 기능 수행에 사용되는 다양한 형태들을 조사하는 데 목적을 두고 있다. 이 분석 방법은 학습자 중간언어의 통합적인 설명을 제공할 수 있는 방법이다.

2) 분석 자료

기능-형태 분석의 연구 자료는 형태-기능 분석과 같이 자연스러운 발화가 선호된다. 예를 들어 한 사람의 언어 발달을 보여주는 종적 자료에서 요청이나 거절 기능을 보기 위해 약 2년에 걸친 학습자의 자연스러운 발화를 분석한다면 요청이나 거절의 기능이 자연스러운 발화에서 어떤 형태로 달리 사용되고 있는가를 볼 수 있다. 그러나 발화수반 행위(illocutionary acts)의 습득과 사용에 대한 기존의 연구들은 담화 완성형 테스트(Discourse Completion Test, DCT)나 역할극(role play)과 같은 유도된 자료들을 기반으로 해왔다(Ellis & Barkhuizen, 2005). 한국어 학습자의 기능-형태 분석과 관련된 선행 연구에서는 자연스러운 발화를 수집한 자료는 상대적으로 적으며 보통 연구하고자 하는 기능을 발화하도록 유도하는 DCT나 역할극(role play)으로 학습자들의 발화를 연구하는 횡적 연구나 유사종적 연구가 대부분이다.

3) 분석 절차

Ellis & Barkhuizen(2005)은 기능-형태 수행 과정을 다음과 같이 네 가지 단계로 나누었다.

(1) 연구하려는 기능 확정
(2) 학습자 언어 표본 수집
(3) 해당 기능 수행에 사용되는 언어의 다른 형태 확인
(4) 각 형태들의 사용 빈도 계산

다음은 각 단계별로 수행해야 하는 내용들이다.

(1) 연구하려는 기능을 구체적으로 확정한다.

기능은 문법적 기능이나 의미적 기능, 담화 화용적 기능의 영역에서

모두 있을 수 있으며 이 중에 하나에 초점을 맞춰 정할 수 있다. 예를 들면, 의미(semantic-미래 시제[1], 가능성[2], 양보[3] 등), 의미-문법(semantico-grammatical-주어/행위자, 목적어/수동자), 화용(pragmatic-요청하기/거절하기와 같은 발화수반 행위) 또는 담화(discourse-화제/논평)와 같은 다양한 기능 영역에서 하나를 선택한다.

(2) 연구하려는 기능이 수행되고 있는 학습자 언어 표본을 수집한다.

기능-형태 분석은 형태-기능 분석과 같이 자연스러운 표본을 선호한다. 그러나 기존의 많은 연구들은 유도된 자료들(예를 들면, 역할극이나 DCT)을 기반으로 해왔으며 그리고 한국어교육에서 그간 이루어졌던 기능-형태 분석은 대부분이 DCT를 통해 수행되었다.

(3) 해당 기능 수행에 사용되는 언어의 다른 형태들을 찾는다.

기능-형태 분석은 언어 수행에서 이루어지는 발화수반 행위(illocutionary acts)의 다양한 형태들을 일종의 언어 전략으로 간주하고 이 형태들의 의미를 분류하는 작업을 한다. 예를 들어 요청을 위해 '-고 싶다, -(으)면 감사하겠다, -(으)려고 하다'와 같은 표현 문형을 사용하는 것은 '소망 표시(want statement)'라는 의미를 드러내는 전략으로 볼 수 있다. 요청과 같은 발화수반 행위(illocutionary acts)는 '소망 표시'와 같은 주화행(head

---

1 -겠-/-을 것이다.
2 -을 수밖에 없다/-기(가) 십상이다/-기(가) 쉽다/-을 만하다/-을 법하다/-을 수 있다/-을 수 없다 등(강현화 외, 2017;6)
3 -어도/-더라도/-을지라도/-은들/-음에도/-어 봤자/ -는 한이 있더라도 등(강현화 외, 2017;5).

act) 외에 다른 보조화행(adjuncts to head act)[4]들이 함께 나타나기도 한다. 예를 들어 학습자는 '저기요, 안녕하세요? 죄송한데요.'와 같은 시작말(address term)[5]을 이용하거나 '좀, 잠깐, 한번' 등과 같은 '부담 줄이기'와 같은 보조화행을 함께 사용한다. 그 외에 '이유 설명', '감사하기', '사과하기', '청자 칭찬' 등 다양한 보조화행 전략들도 있다.

자료를 분석하여 하나의 언어 기능 수행을 위한 언어 형태의 세트를 만들어야 한다. 예를 들어 Blum-Kulka, House & Kasper(1989)의 요청 화행 분석 틀은 제1언어와 제2언어의 요청 화행 전략을 분석하는 데 활발하게 사용되어 왔다. 구체적인 틀 구성 및 한국어 실현 형태[6]는 다음 〈표 1〉과 같다.

〈표 1〉 주화행 전략 분석 틀 및 대응되는 한국어 실현 형태

	주화행(Head Act)	한국어 실현 형태
직접적인 요청 전략 (direct request)	서법에 의한 도출 (mood derivable)	-아/어 (해)(라), -아/어(요), -(으)세요/십시오, -아/어 줘/주세요/주십시오.
	명백한 수행문의 사용 (explicit performative)	-부탁해/부탁합니다/부탁드립니다/부탁할게.
	약화된 수행문의 사용 (hedged performative)	부탁해도 될까(요)?

---

4 본고에서 'head act'에 대한 번역은 이강순(2007), 황정혜(2018), 박소연(2019) 등에 따라 '주화행'이라고 정한다. '주화행'이란 화행의 핵심 역할을 수행하는 부분이다. 임마누엘(2005), 동신상(2011) 등에서는 이를 '핵심행위'라고도 한다.
5 '시작말'이란 발화 시작에 나타나며 상대방의 주의력을 끌고 친근감을 증진하려고 하는 말이다.
6 동신상(2011; 30-32), 박소연(2019; 80-82), 참조.

관례적이고 간접적인 전략 (conventionally indirect request)	의미의 도출 (locution derivable)	-아/어야 해요/합니다/지요, -아(어/여)야 돼요, -(으)면 안돼(요) -아/어야겠어요/겠는데요,-아/어 줘야 겠어(요).
	소망 표시 (want statement)	-고 싶어(요)/싶습니다/싶은데요, -(아/어 주)(었으)면 해요/좋겠어요/습니다/는데(요), -(으)면 감사하겠어요/고맙겠어요.
	제안성 어구의 사용 (suggestory formula)	-자/(으)ㅂ시다, -(으)ㄹ까요?, -아/어 보자/보지(요)/보시지요, -아/어 볼까요? -는 게/것이 어때(요)/어떨까(요)/어떻습니까?
	예비적 조건 언급 (preparatory)	-(으)ㄹ래(요), -아/어 볼래(요)? -(으)ㄹ 수 있어요/있을까(요)/있나(요)?
비관례적이고 간접적인 전략 (non-conventionally indirect request)	강한 암시 (strong hint)	일정한 표현이 없음. 아저씨, 창문이 고장이 났어요. (고쳐 주세요.)
	약한 암시 (mild hint)	일정한 표현이 없음. 시간 괜찮으세요?(좀 도와주세요.)

(4) 해당 기능 실현에 사용되는 각각의 형태들의 사용빈도를 계산한다.

기능-형태 분석은 특정한 발달 단계에서 기능 실현에 사용되는 지배적인 형태가 무엇이며 이것이 시간이 흐르면서 어떻게 변하는지를 보여주어야 한다. 각 시기의 빈도를 계산해서 언어 전략 선택에 영향을 미치는 변인이 무엇인지에 대해 탐색할 수 있도록 한다. 예를 들어 요청 사례에서 보면 요청에 대한 부담도, 화자와 청자의 상하관계나 친밀도 정도에 따라 학습자들이 어떻게 반응하는지를 살펴볼 수 있다. 그리고 학습자들이 사용하는 서로 다른 언어 사용 장치들을 비교할 수도 있다.

4) 분석 결과 해석

발화수반 행위(illocutionary acts)의 기능-형태 연구의 예시로 동신상(2011)의 중국인 고급 학습자의 요청 화행 전략과 표현 양상을 살펴보자. 이 연구는 DCT를 활용해 한국인 모어 화자(KNS), 중국인 고급 학습자(CKL)와 중국인 모어 화자(CNS) 세 집단에 의한 요청화행 전략을 조사하였다. 먼저, 요청 화행 전체의 전략 사용 양상을 살펴봤는데 각 전략을 사용할 때 KNS, CKL, CNS 세 집단 간에 유의미한 차이를 보이는지를 통계적인 검정을 통하여 밝히고 있다. 동신상(2011)은 횡적 연구로 기능-형태 분석을 하였으며 이를 중국인 모어 화자의 요청화행 수행 양상과의 대조를 통해 학습자가 모국어의 영향을 받았다는 점과 학습자의 전략 사용은 각 상황에서 불규칙적이지만 체계적인 분포를 보이고 있다고 보았다.

2. 한국어교육의 기능-형태 분석 연구 경향

한국어교육에서 이루어진 기능-형태 분석 연구 중에 특정 화용적 기능을 수행하고 있는 화행 연구를 중심으로 선행연구를 정리해 보고자 한다. 그간 한국어교육에서 이루어진 화행 연구를 주제어 '한국어', '화행'으로 RISS에서 검색하여 2000년부터 2019년의 학위 논문과 학술지 논문을 추출한 결과 학위 논문은 총 205편, 학술지 논문은 총 179편으로 검색되었다. 2000년대 이전의 연구는 허문하(2017)에서 2016년 10월까지의 한국어교육에서의 화행교육 연구 동향에서 살핀 결과 1편 밖에 없었으므로, 이 부분에서는 2000년 이후에 이루어진 연구를 중심으로 한국어

교육에서의 화행 연구 관련 논문을 살펴보았다. 총 384편의 논문을 대상으로 논문 유형별, 학습자 언어권별, 학습자 숙달도별, 화행 유형별, 연구 방법별로 하위분류하여 동향을 살펴보았는데, 전체적으로 2000년대부터 한국어교육에서 화행을 다룬 연구들이 지속적으로 증가하는 추세를 보이며 한국어 학습자들을 대상으로 이루어진 연구가 중심을 이루고 있었다.

키워드로 검색한 384편의 논문을 다시 한국어 학습자를 대상으로 실험 연구를 진행한 논문으로 추출한 결과, 학위 논문은 99편, 학술지 논문은 38편이었다. 유형별로 보면 석사학위 논문이 88편, 박사학위 논문이 11편, 학술지 논문이 38편으로 학위 논문의 양은 학술지 논문에 비해 현저히 많았다. 언어권별로 보면 유학생 수가 제일 많은 중국어권의 연구가 가장 활발히 이루어지고 있었고, 그 뒤를 이어 일본어권과 영어권 학습자의 화행에 관한 논문이 많이 발표되었으며, 여러 나라 학습자들을 함께 다룬 연구는 중국어권 다음으로 많이 이루어지고 있었다. 학습자의 숙달도는 단일 숙달도로 고급 학습자를 대상으로 이루어진 연구가, 복합 숙달도로 중급과 고급 학습자를 함께 다룬 논문이 가장 많았다.

화행 유형별로 동향을 살핀 결과, '요청/요청 응답하기'와 '거절하기'가 각각 38편(28%), 37편(27%)으로 압도적인 비중을 차지하였다. '칭찬/칭찬 응답'에 대한 연구는 11편(8%), '불평/불평 응답'에 대한 연구가 15편(11%)으로 많이 이루어진 것을 볼 수 있다. 그 외, '인사하기', '위로하기', '감사하기', '사과하기' 화행과 '설득하기'의 연구는 활발히 이루어지지 못하였다는 것을 연구 동향을 통해 볼 수 있었다. 마지막으로, 연구 방법에서 가장 많이 사용된 방법은 DCT였고 이와 공동으로 사용된 방법은 인터뷰, 교재 분석, 드라마 대본 분석이었다. 그리고 역할극과 전화 녹음, 동영

상 촬영 등 구어 자료를 수집하는 연구들도 소수 존재했다.

〈표 2〉 한국어교육 화행 연구 논문 분류

대분류	소분류	학위 논문				학술지	
		석사		박사			
논문 유형	학위/학술지	88	89%	11	11%	38	100%
언어권	중국어권	37	37%	5	5%	13	34%
	일본어권	12	12%	0	0%	2	5%
	영어권	10	10%	0	0%	3	8%
	다국적	14	14%	2	2%	10	26%
	기타 언어권	15	15%	4	4%	9	24%
숙달도	초급	1	1%	0	0%	3	8%
	중급	8	8%	0	0%	5	13%
	고급	28	28%	2	2%	6	16%
	초급, 중급, 고급	9	9%	1	1%	1	3%
	초급, 중급	2	2%	0	0%	2	5%
	중급, 고급	33	33%	6	6%	17	45%
	기타	4	4%	0	0%	1	3%
화행 유형	요청/요청응답	24	24%	4	4%	10	26%
	거절	24	24%	1	1%	12	32%
	불평/불평응답	12	12%	1	1%	2	5%
	칭찬/칭찬응답	8	8%	1	1%	2	5%
	사과/사과응답	4	4%	0	0%	3	8%
	위로	4	4%	0	0%	0	0%
	감사	2	2%	0	0%	0	0%
	인사	1	1%	0	0%	2	5%
	설득	1	1%	0	0%	0	0%
	기타	6	6%	2	2%	7	18%
연구 방법	서면 DCT	49	49%	7	7%	21	55%
	구두 DCT	1	1%	2	2%	3	8%
	DCT와 기타 방법	25	25%	2	2%	7	18%
	드라마와 기타 방법	3	3%	0	0%	0	0%
	역할극과 기타 방법	7	7%	0	0%	6	16%
	기타	4	4%	0	0%	1	3%

연구 자료를 수집하기 위한 방법으로는 대표적으로 민족지학적(ethnographic) 방법과 역할극(role play), DCT의 세 가지 방법을 들 수 있다. 민족지학적인 방법에서 연구자는 실제적이고 자연스러우며 예상치 못한 상호작용에 참여하면서 전체 대화 내용을 메모하거나 녹음한다. 그러나 이것은 들인 시간에 비해 실제 분석에 의미 있는 자료를 확보하기가 어렵다는 단점이 있다. 역할극은 면대면 구어 대화와 비언어적인 표정, 행동 등을 같이 드러내기 때문에 상대적으로 실제성을 가지며, 대화하는 사람과의 상호작용을 잘 보여줄 수 있다는 장점이 있다. 또한 민족지학적인 방법보다 역할극은 통제할 수 있고 반복할 수 있다는 장점이 있다. 하지만 가공된 상황에서 대화가 이루어지는 것이며 함께 응하는 '역할극의 대상자'에 따라 참여자의 발화 양상이 달라질 수 있다는 점이 방해 요소로 작용할 수 있다. 그 외, 시간과 비용이 소요되므로 동일한 시간 내에 많은 양의 자료를 확보하기가 어렵다. DCT는 Blum-Kulka(1982)에 의하여 개발되어 화행 대조 연구와 중간언어 화용론 연구에서 널리 사용되고 있다. 서면 DCT는 상황에 대한 간략한 설명(상황, 대화 참여자 간의 관계 등)이 있고, 뒤에 미완성 대화문을 서면으로 보여준다. 실험대상은 제시된 상황에서 어떻게 반응하는지, 무슨 말을 할 것인지 적어야 한다. 이 방법의 장점은 연구자가 목적에 따라 변인들을 통제할 수 있도록 상황을 설정할 수 있다는 것과 단시간 안에 방대한 양의 표본을 수집할 수 있다는 것이다. 그러나 구어 자연 발화를 유도하지 못한다는 한계가 있다. 또한 대화 참여자 간의 상호 작용이나 의미 협상을 보지 못하고 억양이나 강조 표현, 또는 비언어적 표정 등을 알 수 없다. 구두 DCT는 학습자의 감탄사 사용을 볼 수 있고 응답자의 억양이나 어조에 대한 관찰이 가능하다. 그러나 응답자가 녹음에 대한 부담감 때문에 오히려 응답 발화의 실제성이 떨어지거나 부자연스러움을 유발할 수도 있다는 것이 단점이다.

아래는 연구 방법을 중심으로 한국어교육에서 이루어진 화행 연구를 서면 DCT, 구두 DCT, 역할극, 자유발화 녹음 등의 방법으로 나누어 살펴 보도록 하겠다.

1) 서면 DCT를 활용한 연구

황정혜(2018)에서는 중국인 학습자의 지시 및 거절에서 나타나는 화용 전략을 밝히는 것을 목적으로 연구 대상을 한국어 모어 화자, 중국인 한국어 학습자(토픽 4급, 5급), 중국어 모어 화자 세 집단으로 하여 서면 DCT를 통해 연구를 진행하였다. 이 연구에서는 지시화행 전략의 분석 단위를 시작말(address term),[7] 주화행(head act)[8]과 보조화행(adjuncts to head act)[9]으로 나누었다. DCT 설문 항목 중 지시 상황은 청자와의 친소 관계와 상하 관계, 지시의 성격(28가지)에 따라 구성하였고, 거절 상황은 청자와의 친소 관계와 상하 관계, 지시의 성격과 부담의 정도(56가지)에 따라 구성하였다. 연구 결과로 중국인 한국어 학습자의 부정적 모국어 전이 현상은 지시화행의 시작말 전략, 주화행 전략, 보조화행 전략에서 모두 나타났다. 이 연구는 화행의 단위와 화·청자의 관계에 따라 세 집단 간의 화용 전략을 대조 분석하여 지시와 거절을 할 때 중국인 학습자가 어떤 관계에서 모국어 전이 현상이 나타나는지를 화행 단위별로 밝힌

---

7 지시나 거절화행에서 시작말은 발화 시작에 나타나며 상대방의 주의력을 끌고 친근감을 증진하려고 하는 말이다.
8 주화행은 지시화행 전략이 실현되는 가장 핵심적인 부분으로 의도한 발화 내용이 실현될 것인지 아니면 거부될 것인지를 결정하는 가장 핵심적인 부분이다.
9 보조화행은 단독으로 사용될 때에는 지시화행의 의미가 포함되어 있지 않아도 주화행과 함께 실현됨으로써 청자의 체면 위협 행위에 대한 부담을 줄여주고 성공적인 지시화행의 실현을 도울 수 있다.

점에 의의가 있다.

2) 구두 DCT를 활용한 연구

최연숙(2013)에서는 한국어 모어 화자, 베트남 한국어 학습자(베트남 결혼이민자), 베트남어 모어 화자를 대상으로 DCT와 회고적 보고(retrospective report) 방법을 활용하여 불평 화행 사용 양상의 차이점과 유사점을 불평 전략 위주로 비교 분석하였다. 연구자는 먼저 구두 DCT를 통해 피험자의 발화를 녹음하고, 그 뒤에 피험자와 함께 녹음을 들으며 보고 내용에 대해 질문하고 응답하게 함으로써 발화 과정에서 일어난 피험자의 생각이나 최종 발화까지 가게 된 이유와 원인을 탐색하였다. 불평 화행의 사용 양상에 영향을 미치는 변인으로 사적인 영역과 비사적인 영역, 친소 관계, 출현 빈도의 유무를 설정하고 8개의 변수별 상황으로 연구를 진행하였다.

유양(2016)에서는 중국인 고급 한국어 학습자를 위한 한국어 불평 화행 교육 방안을 제시하기 위하여 한국에서 근무하는 중국인 직장인들의 불평 화행 사용 양상을 DCT를 통해 조사하였다. 사회적 변인은 '화·청자의 사회적 지위'와 '화·청자의 친소 관계', '근무 기간'으로 설정하였고, 분석 전략은 '직접 전략', '간접 전략', '무응답'의 세 가지 전략으로 구분하여 기능 수행에 영향을 미치는 전략을 살펴보았다.

3) 역할극을 활용한 연구

임태운(2017)은 역할극을 통해 구어 담화에 나타난 학습자의 중간언어 발달 양상을 살펴보았다. 연구 대상은 한국어 학습자 16명과 3년 이상

경력의 한국어 교사 10명, 한국어 모어 화자 10명을 대상으로 진행하였다. 역할극은 6개의 상황과 사회적 친소관계를 고려하여 만들었으며, 회상기법을 사용하여 대화 참여자의 반응을 조사하였다. 구어는 문어와 달리 형태통사적인 요소뿐만 아니라 비언어적인 요소도 포함되었기 때문에 학습자의 화행 양상을 관찰할 수 있었다. 이 연구는 Searl의 발화수반행위(illocutionary acts)를 기준으로 화행 양상을 분석하였으며 단언행위(assertives)[10]에서 묘사하기 화행, 지시행위에서 요구하기 화행, 언약행위에서 거절하기 화행, 표현행위에서 칭찬하고 반응하기 화행으로 표현 양상을 분석하고 있다.

4) 자유발화 녹음을 활용한 연구

김지혜(2013)는 DCT의 부족한 점을 보완하기 위해 4가지 전화 메시지 남기기 과제(약속 취소하기/케이크 부탁하기/서류 부탁하기/공항에 친구 마중가기)를 수행한 학습자 자료를 분석하여 한국어 학습자들이 친한 친구 관계에서 요청 화행을 어떻게 수행하는지를 살펴보았고 동일한 과제를 수행한 한국어 모어 화자들과는 어떤 차이를 보이는지에 대해서도 함께 분석하였다. 각 전략 사용 빈도 계산을 통해 내린 결과는 한국어 학습자들이 수업 시간에 학습했던 요청 화행 표현을 구어에서 비교적 잘 사용하고 있다는 것을 알 수 있었지만 전략 사용과 담화 구성 면에서 볼 때는 한국어 화자와 다소 거리가 있어 학습자들이 한국어 화자와 같은 구어 능력을 갖추기 위해서는 이에 관한 교수가 필요하다고 결론을 내렸다.

---

10 Searle(1979)에서는 단언행위를 화자가 표현된 명제가 사실이거나 거짓이라고 믿는 것에 대한 기술, 주장, 보고, 가정, 진술 등의 상황을 나타내는 것이라고 했다.

5) 둘 이상의 자료를 활용한 연구

김아름·김영주(2016)에서는 서울 시내 대학의 언어교육기관 혹은 학부 교환 학생 과정에 등록되어 있는 학문 목적 한국어 학습자 20명을 대상으로 10개월에 걸쳐 요청-거절화행의 발달 양상을 보기 위한 자료를 수집하였다. 연구 도구는 주어진 단락의 빈칸에 알맞은 말을 채우는 방식으로 C-test를 사용하였으며 전체 단락은 총 4개이고 한 단락 당 25개의 문항(총 100문항, 빈칸 188개)으로 구성하였다. 그리고 전화 메시지 녹음하기 과제를 총 4회 10주 간격으로 4가지 상황에 대해 녹음을 하여 전사 자료로 사용하였다. 녹음 전사 자료를 경어법, 문장 유형, 담화표지 및 발화 시간 영역에서 화행별, 변인별로 분석하였다. 담화표지 결과에서 학습자들은 대부분 '-을 수 있다', '-어도 되다'의 통사적 표현이나 '부탁하다'의 어휘 표현만을 사용하는 것을 볼 수 있었고, 거절 화행에서는 시작 시점에서 '못+V'의 형태로 직접적인 거절을 하였으나 4차 실험에서는 직접적인 거절 표현이 관찰되지 않았다. 이 연구는 중간언어 발달 과정에서 학습자들이 직접 산출한 담화표지의 형태 특징을 관찰할 수 있어 학습자들의 언어 습득 과정을 보고자 한 연구이다.

3. 기능-형태 분석 방법의 실제

3.1. DCT를 활용한 기능-형태 분석 연구

이해영 외(2016), 「비교·문화적 화용론의 관점에서 본 태국인 한국어 학습자의 사과 화행 연구」, 『한국어교육』 27권3호, 233-260.

1) 연구 문제

이해영 외(2016)는 한국인과 태국인의 사과 화행을 비교·문화 화용론의 관점에서 다음과 같은 두 가지 문제를 연구 문제로 삼았다.

연구 문제 1: 한국인과 태국인 간 상황별 사과 유무에 차이가 있는가?
연구 문제 2: 한국인, 태국인 한국어 학습자 간 상황별 사과 전략 사용 양상에 어떠한 차이가 있는가?

2) 분석 대상

태국인, 한국인과 태국인 한국어 학습자 세 집단 각 20명씩 총 60명을 연구 대상으로 삼았다. 이때 태국인 한국어 학습자는 태국의 한 대학교에서 한국어를 전공하고 있는 3, 4학년 재학생이며 모두 TOPIK 3급 이상의 중·고급 학습자로, 주어진 상황을 한국어로 이해하고 의견을 제시할 수 있는 학습자들이다.

3) 자료 수집 방법

구두 DCT를 활용하여 자료를 수집하였고 사후 인터뷰를 통하여 발화의 배경, 상황에 대한 인식과 전략 사용의 의도 등에 대한 집단 간의 비교문화적 차이를 파악하였다. 여기서 [친밀함]과 [공적 상황]의 두 가지 상황 설정 기준에 따라 '친밀하지 않은 공적 상황'과 '친밀한 사적 상황'을 설정하였고 이에 더하여 비교문화화용론적 관점에서 주목되는 차이를 보일 것으로 예상되는 '사과와 감사가 공존하게 되는 상황'을 추가하였다.

4) 자료 분석 방법

사과 화행 전략의 틀을 설정할 때 Bergman & Kasper(1993)과 Ishihara & Cohen(2010)의 연구를 바탕으로 한국어에 맞도록 수정하고, 각 전략 내용의 범위를 조정하였다. 그리고 연구 결과 분석에 있어서, 연구 문제 1은 각 상황에서 집단별 사과 여부에 차이가 있는지 알아보는 것으로 교차 분석(chi-squared test)으로 분석하였고 연구 문제 2는 상황별 실험 참여자가 사용한 전략에 집단 간 차이가 있는지 확인하기 위해 다중응답 교차분석(multiple response analysis)을 실시하였다.

5) 분석 결과

연구 문제 1은 교차 분석을 통해 세 집단 간 상황별 사과 유무를 살펴보았다. 그 결과, 개인적 차원에서는 집단 간 차이가 나타나지 않았으나 태국인 집단에 대한 일반적 차원에 대한 사후 인터뷰를 통해 집단 간 차이가 발생함을 확인하였다. 즉, 한국인들은 낯선 사람과의 공적인 상황에서 명시적 사과 표현을 사용하였고 화청자 간 사이가 가까울수록 명시적인 사과 표현보다 다양한 사과 전략을 사용하거나 관계나 감정을 나타내는 표현을 선호하였다. 이와 반대로, 태국인들은 오히려 친밀한 사적 상황에서 명시적으로 사과하였고, 낯선 사람과의 공적 상황에서 명시적인 사과 표현을 선호하지 않는다는 결과를 나타냈다. 연구 문제 2는 다중응답분석을 통해 상황별 사과 전략 사용의 차이를 살펴보았다. 그 결과, 한국인들은 사과 표현 외에 '강화어 사용하기', '상대방 염려하기' 등과 같은 다양한 전략을 사용하여 사과 표현을 대체하는 반면에 태국인들은 명시적인 사과 표현을 더 많이 사용하는 경향을 보였다.

6) 연구의 의의와 한계

이 연구는 비교·문화 화용론의 관점에서 태국인, 한국인, 태국인 한국어 학습자 간의 사과 화행에서 나타나는 차이를 구어 DCT와 사후 인터뷰를 통하여 밝혔다는 점에서 의의가 있다.

3.2. 역할극을 활용한 기능-형태 분석 연구

> 최지은(2014), 「영어권 한국어 학습자의 칭찬과 칭찬 반응 화행에 나타나는 화용적 문제 연구」, 연세대학교 대학원 석사학위 논문.

1) 연구 문제

한국인 모어 화자와의 대화에서 영어권 한국어 학습자들의 칭찬과 칭찬 반응 화행에 나타나는 화용적 문제를 분석하는 데 목적이 있다. 화용적 문제는 불손을 유발함으로써 초래되는 것으로 제한하였다.

연구 문제 1: 한국인 모어 화자와의 대화에서 영어권 한국어 학습자의 칭찬 반응에 나타나는 화용적 문제 요인들이 무엇인지, 특히 학습자의 칭찬과 칭찬 반응을 구분하여 어떻게 다르게 나타나는지를 살펴본다.
연구 문제 2: 대화 상대자에 따라 영어권 한국어 학습자의 화용적 문제의 발생 빈도와 그 양상이 어떠한 차이를 보이는지 알아보고, 대화 상대자를 학습자보다 사회적 위계가 높은 사람으로 한정하여 화용적 문제가 어떻게 다르게 나타나는지 살펴본다.
연구 문제 3: 학습자의 숙달도에 따라 중급과 고급의 화용적 문제의 발생 빈도와 그 양상이 어떠한 차이를 보이는지 알아본다.

2) 분석 대상

서울 시내 주요 3개 대학교의 대학 부설 한국어교육 기관에 재학 중인 중급 학습자 10명과 고급 한국어 학습자 10명을 대상으로 실험을 하였다. 피험자가 '학교 선배, 선생님, 직장 상사' 역할의 한국인 모어 화자와 대화할 때 나타나는 화용적 문제들을 찾는 데에 목적이 있기 때문에 피험자 모두 학교생활과 직장 생활을 경험한 사람들로 제한하였다.

3) 자료 수집 방법

선행 연구와 설문 조사를 통해 24가지의 상황을 선정하고, 한국어 학습자와 한국인 모어 화자의 역할 수행지를 준비하여 예비 실험을 진행하였다. 그리고 예비 실험을 통해 나타난 문제점들을 보완하여 본 실험을 진행하였다. 본 실험 단계에서는 영어권 학습자와 한국인 모어 화자의 대화를 비디오로 녹화한 후, 인터뷰를 통해 학습자의 발화 내용 중 맥락에 맞지 않는 내용들과 각각의 칭찬 상황에 따른 부담의 정도에 대해 후속 인터뷰를 진행하였다. 실험을 통해 얻은 대화들을 1, 2차에 걸쳐 전사와 분석을 하고, 마지막으로 2차 분석에서 화용적 문제로 표시한 내용들을 다른 한국인 모어 화자 4명에게 검토를 받은 후, 다시 3차 분석을 통해 최종적으로 화용적 문제를 확정하였다.

4) 자료 분석 방법

수집된 대화들을 전사한 뒤 '불손 분석 기준표'와 '화용적 문제 분석 틀'에 따라 영어권 학습자들의 화용적 문제 요인과 양상을 분석하였다. 전체적인 화용적 문제 분석 틀의 형식과 내용은 Thomas(1983)와 이경숙(2012)을 참고하여 특히 문화 간 차이로 인해 생기는 문제에 초점을 맞춰 분석 틀을 구성하였다. 칭찬과 칭찬 반응 유형에 포함된 발화만 분석하였고 '불손 분석 기준표'에 해당되는 내용들을 불손으로 표시하였다.

5) 분석 결과

화용적 문제를 일으키는 요인에는 어휘·구, 담화 표지, 완화장치와 강화장치, 비언어적 요인이 발견되었고, 사회화용적 문제에는 부담의 정도, 상대적 힘이 발견되었다. 화용적 문제의 빈도는 총 208회가 나타났고, 칭찬 화행에서 124회, 칭찬 반응 화행에서 84회 발견되어 칭찬 화행에서 더 많은 화용적 문제를 보였다. 대화 상대자와의 사회적 관계에 따라 분석한 결과 상사와의 대화에서 보이는 화용적 문제가 가장 많았는데 이것은 한국의 직장 문화에 대한 지식이 부족하고 사회화용적으로도 직장 상사와의 심리적 거리가 한국인들과 다르기 때문이라고 해석했다. 학습자의 숙달도별 화용적 문제 양상을 분석한 결과, 숙달도가 높아지면서 전체적인 화용적 문제는 적게 나타났는데, 이는 교육의 중요성을 보여준다고 하겠다. 칭찬화행에서 중급 학습자의 경우 완화장치와 강화장치 요인이 21회로 가장 많은 문제를 유발하였고, 그 다음으로 어휘·구, 비언어적 요인 순서이다. 반면에 고급 학습자들의 경우 어휘·구 요인이 오히려 더 많은 문제를 유발하였고, 그 다음으로 완화장치와 강화장치, 준언어 순서였다. 칭찬 반응의 경우는 준언어를 제외하고는 다른 요인들에서 차이가 없었다.

6) 연구의 의의와 한계

대다수의 화용 연구가 DCT로 이루어지고 있는 가운데 실제 자료에 가까운 학습자들의 칭찬 및 칭찬 반응 발화를 수집하고 이에 나타난 화용적 문제에 초점을 두어 분석했다는 점에서 연구의 의의가 있다. 본 연구는 다국적 학습자들을 대상으로 이루어진 연구이므로 화용적 문제를 더욱 정밀하고 포괄적으로 규명하기 위해서는 단일 언어권 학습자들을 대상으로 한 질적인 연구가 후속으로 이루어질 필요가 있다.

3.3. 문법성 판단 테스트를 활용한 기능-형태 분석 연구

> DONG SHIWEN(2015), 「중국인 학습자의 한국어 연결어미 습득 연구-양보 연결어미 중심으로」, 고려대학교 대학원 석사학위 논문.

1) 연구 문제

이 연구는 한국어 양보 연결어미에 대해 살펴보고 중국인 학습자의 양보 연결어미 사용 오류에 대해 분석한 후 그 결과를 이용하여 교육 방안을 제시하는 것을 목적으로 연구를 진행하였다. 연구 문제는 다음과 같다.

연구 문제1: 중국인 학습자가 한국어 양보 연결어미 사용에 어떤 유형의 오류가 나타나는가?
연구 문제2: 중국인 학습자의 양보 연결어미 습득에서 모국어 전이가 관찰되는가?
연구 문제3: 중국인 학습자가 한국어 양보 연결어미 사용에 가장 빈번히 나타나는 표면 전략적 오류는 무엇인가?

연구 문제4: 학습자 숙달도에 따라 양보 연결어미 사용 오류 발생 빈도가 변화하는가?

연구 문제5: 중국인 학습자가 한국어 양보 연결어미 사용 시에 양보-조건-대조 관계에 대해 잘 구별할 수 있는가?

2) 분석 대상

조사 대상은 1차 테스트에서는 중국에서 한국어전공을 개설한 대학교의 한국어 학과에 재학 중(3-4학년)이거나 졸업한 한국어 학습자 50명, 한국어교육 기관 중·고급에서 학습 중이거나 이전에 고급을 수료한 중국인 한국어 학습자 90명, 총 140명을 조사 대상으로 선정하였다. 초급 학습자를 제외한 이유는 연구의 대상이 되는 문법 항목인 양보 연결어미가 중급 이상에서 제시되기 때문이다. 2차 테스트는 1차 중의 50명(중급 25명, 고급 25명)을 대상으로 조사하였고, 3차에서는 2차 중의 20명을 대상으로 진행하였다.

3) 자료 수집 방법

본 연구에서 선정한 양보를 나타내는 연결어미는 '-아/어도, -더라도, -(으)ㄹ지라도, -(으)ㄴ들'인데, 그 이유는 국제통용 한국어교육표준모형 2단계에서 제시한 문법 목록에서 나타나고 일상생활에서도 많이 사용하는 연결어미들이기 때문이다. 총 3회의 설문조사를 통하여 중국인 한국어 학습자들이 양보 연결어미를 사용하는 현상을 살펴보았다. 설문지는 문법성 테스트의 방식으로 작성하였고, 1차 테스트는 중국인 학습자가 양보 연결어미를 사용하는 데에 있어서 크게 어려움을 겪는 부분, 즉 통사적 제약 및 의미적 특징에 대하여 조사하였다. 2차 테스트에서는 중국인 학습자의 조건, 양보 및 대립의 사용 양상을 살펴보았고 서로 간의 차이를 구별할 수 있는지를 조사하였다. 3차에서는 2차 테스트 중에 오류가 많이 나온 것이 모국어의 영향 때문인지 살펴보기 위하여 중국어 테스트를 진행하였다.

4) 자료 분석 방법

중국인 학습자가 각 양보관계 연결어미의 통사적 특징과 의미적 특징에 대해 어떻게 인식하여 구사하고 있는지 양상을 살펴보기 위하여 최선답형 문법성 판단 테스트[11] 및 진위형 문법성 판단 테스트,[12] 번역 문제, 이렇게 세 영역으로 나누어 설문을 진행하였다. 설문 결과를 바탕으로 통사적 특징과 의미적 특징의 사용을 분석하였다.

5) 분석 결과

1차 실험 결과로 학습자들이 오형태 및 대치 오류를 많이 하는 것을 발견하였는데, 이런 오류가 나타나는 이유는 양보 연결어미의 '양보-조건-대립'의 의미적인 유사점으로 인해 사용에 있어서 혼동한 것으로 원인을 밝혔다. 2차 실험에서 중국인 학습자들이 조건, 양보 및 대립의 차이

---

11 최선답형 문법성 판단 테스트는 객관식 선다형 형식 중 하나의 설문방법으로 여러 가지의 답안 중에서 '가장 맞는 답', '정답의 정도가 가장 큰 것'을 선택하게 하는 방법이다(DONG SHIWEN,2015;27).

12 진위형 문법성 판단 테스트는 최선답형 문법성 판단 테스트에서 다루지 못한 양보관계 연결어미의 통사적 제약에 대해 중국인 학습자가 제대로 알고 있는지 측정하기 위해 문항 형식으로 피험자들에게 이 문장을 보고 맞거나 틀린 것인지 ○, ×로 표기하게 하는 방법이다(DONG SHIWEN,2015;27).

를 구별할 수 있는지 조사했는데 오류를 많이 범하는 것으로 나타났다. 실험 결과를 보면 '양보-조건'보다 '양보-대립'은 더 낮은 정답률을 보였는데, 모국어의 영향을 받았는지 파악하기 위하여 3차 실험(중국어 실험)을 실행하였다. 3차 실험의 결과 중국인 학습자는 모국어를 사용할 때에도 '양보-대립' 관계에서 오류를 보였는데 그 이유는 중국어에 명확한 시제 마크가 없어서 '양보'와 '대립'을 사용할 때 혼동한 것으로 판단하였다.

6) 연구의 의의와 한계

이 연구는 중국인 학습자들이 한국어 양보 연결어미 사용에서의 오류 원인을 모국어의 전이, 한국어 양보 연결어미 체계의 문법과 의미상 복잡성으로 나누었고, 과잉일반화 및 통사적 의미적 지식 부족으로 총 세 차례의 실험을 통해 밝혔다. 또한 이를 토대로 과제 중심 교수법을 활용한 양보 연결어미의 문법 교육 방안을 제시하여 한국어교육에 기초 자료를 제공하는 데에 기여를 하였다. 학습자들이 양보 연결어미를 배우는 시기가 중급과 고급 단계이기에 숙달도별로 습득 양상을 살펴보는 것과 양보 연결어미 형태를 습득하는 순서도 함께 고찰했으면 오류뿐만 아닌 중간언어 연구도 함께 진행할 수 있었을 것인데 이 부분에 아쉬운 점이 있다.

3.4. 종적(longitudinal) 관찰을 활용한 기능-형태 분석 연구

성은주(2010), 「중국인 한국어 학습자의 [이유, 원인] 표현 습득 양상 연구-KFL 작문 자료를 중심으로」, 영남대학교 대학원 석사학위 논문.

1) 연구 문제

이 연구는 중국어를 모국어로 사용하는 한국어 학습자(한족 38명, 조선족 1명, 회족 1명)를 대상으로 10개월간의 종적(longitudinal) 관찰을 통해 숙달도별로 중국인 학습자들이 이유·원인 표현에 해당하는 접속부사와 연결구를 어떻게 사용하고, 언제 습득하는지에 대한 양상을 밝히는 데 그 목적이 있다. 연구 문제는 다음과 같다.

연구 문제1: 중국인 학습자의 이유·원인 표현의 습득 양상에 대하여 작문 자료를 중심으로 종적인 조사를 실시한다.
    (1) 중국인 학습자가 이유·원인을 표현할 때 어떤 접속부사와 연결구를 사용하는지에 대한 사용 양상을 살펴본다.
    (2) 중국인 학습자의 작문 자료 분석을 통해 산출한 이유·원인 표현 오류를 유형별로 정리하고 숙달도에 따른 각 오류 유형별 발생률과 소멸 시기를 살펴본다.
    (3) 중국인 학습자가 숙달도에 따라 적절한 이유·원인 표현을 사용하는지에 대한 습득 순서와 습득 시기를 조사한다.

연구 문제2: 중국인 학습자의 이유·원인 표현의 습득 양상에 대한 비교 및 대조를 위해 다음의 조사를 실시한다.
    (1) 한국인 성인의 작문 자료의 분석을 통해 이유·원인 표현 사용 양상에 대해 살펴본다.
    (2) 중국인 고급 한국어 학습자의 작문 자료 분석을 통해 이유·원인 표현 사용 양상 및 정확도를 조사한다.

2) 분석 대상

KFL(Korean as a foreign language) 환경의 중국 산동성 연대시에 위치한 Y대학 학생 40명을 대상으로 연구를 진행하였다. 한국 유학을 목적으로 하는 18~24세의 학습자들이고, 총 40명 중 남 16명, 여 24명이다. 조사 기간은 2008년 9월부터 2009년 7월까지 약 10개월 동안으로 종적(longitudinal)인 관찰을 통해 학습자들의 습득 양상을 조사하였다. 약 10개월의 기간 중 3차에 걸친 시험 결과를 바탕으로 학습자를 성적이 높은 상위 그룹 20명과 성적이 상대적으로 낮은 하위 그룹 20명으로 나누었다.

3) 자료 수집 방법

본 조사는 중국 산동성 연대시 Y대학에서 한국어를 배우는 중국인 학습자의 작문 자료 350편을 바탕으로 하였다. 2008년 9월부터 2009년 7월까지의 조사기간 중 수집한 자료를 크게 월별로 나눈 후 주제와 작문의 시기에 따라 총 12차시로 차시를 세분하였다. 조사 항목은 학습자들의 작문 자료를 분석하고 그 중에서 이유·원인 표현으로 학습자 작문 자료에서 출현한 항목만으로 제한하였다. 학습자의 작문 자료에서 출현한 이유·원인 표현으로는 '그래서, 그러니까, -어서, -니까, -기 때문에, -는 바람에'가 있었다.

4) 자료 분석 방법

자료 분석은 크게 '사용 양상 분석, 오류 분석, 습득 양상 분석' 세 가지로 나누었다. 사용 양상 분석은 항목별, 숙달도별, 학습자그룹별, 작문 차시별로 사용 횟수 및 사용률를 조사하고, 대조를 위하여 한국인 모국어 화자들이 작성한 작문 자료 150편을 조사하여 작문 자료에 나타난 이유·원인 표현 항목을 사용 횟수 및 사용률의 조사도 실시하였다. 오류 분석에서는 먼저 오류 판정의 기준을 세웠다. 첫째로, 작문 전체 내용을 고려하여 접속부사 및 연결구의 앞, 뒤 명제를 추측하고 학습자의 의도를 판단하였다. 둘째로, 학습자 작문에 나타난 이유·원인 표현 항목이기 때문에 화용적 적절성보다는 문법적, 의미적 오류와 현상에 따른 오류인 첨가, 누락, 대치에 해당하는 오류에 중점을 두어 판단하였다. 셋째로, 오류 분석은 학습자의 목표 언어 사용을 최대한 수정하지 않는 방향으로 진행하였다. 이러한 판정 기준에 따라 오류로 판정된 항목을 항목별로 분류해 중국인 학습자들이 어떤 오류 양상을 보이는지와 숙달도별 변화를 보았다. 습득 양상 분석은 학습 1~40주차(1~4급)에 따른 숙달도 변화에 따라 이유·원인 표현 사용률의 변화 양상을 살펴보고, 정확도를 숙달도 변화에 따라 양상을 살펴보았다. 80% 이상의 정확도가 유지·지속되는 시기를 작문 차시별 세부 분석을 통해 보고, 각 항목별 시기를 추정하여 습득 순서를 분석하였다.

5) 분석 결과

이유·원인 표현 사용 양상의 결과를 사용적 측면으로 봤을 때, 작문 자료에 나타난 이유·원인 표현은 초급에서 학습한 것에 국한되어 있었으며 '그래서, 그러니까, -어서, -니까, -기 때문에'만을 사용하였다. 또한 '그래서(42.01%)'와 '-어서(26.73%)'를 가장 선호하여 사용했으며 항목별로 가장 많이 사용이 나타난 시기에서 차이를 보였다. '그러니까, -니까'의 경우는 초급(2급)에서 가장 많은 사용을 보였으며, '그래서, -어서'는 중급(3급)에서, '-기 때문에'는 중급(4급)에서 가장 많은 사용을 보였다. 학습 그룹별로 비교해 봤을 때 성적이 좋은 그룹은 낮은 그룹보다 연결구를 더 선호했으며 하나의 문장으로 묶어서 표현하고자 하는 반면, 성적이 낮은 그룹은 비슷하게 나타났으며 나열하여 표현하는 경향을 보였다. 중간언어적 및 학습자 오류적 측면의 분석 결과를 보면, 오류의 빈도는 '대치 오류> 누락 오류> 문법적 오류 > 첨가 오류' 순으로 나타났고, 그 중 대치 오류가 51.07%로 대부분이었다. 학습자 숙달도 변화에 따른 오류의 양상은 1급에서는 이유·원인 표현을 학습하지 않은 시기이기 때문에 오류가 나타나지 않았고, 전체 숙달도 중 2급에서 가장 많은 오류가 발생하였는데 구체적으로 대치 오류(37.04%)가 가장 많이 발생하였다. 3급에서도 대치 오류가 가장 많았으나 기타 오류 발생률은 2급에 비해 줄었다. 4급에서는 누락과 첨가 오류는 소멸되었으며, 대치 오류가 가장 많은 빈도를 보였다. 습득 순서 및 습득 시기적 측면으로 결과를 보면, 이유·원인 표현의 습득 순서는 '그래서(학습 14주차) → 그러니까(학습 15주차) → -기 때문에(학습 16주차) → -어서(학습 33~40주차) → -니까(학습 40주차 이후)'의 순서로 이루어졌다. 접속부사 중에서는 '그래서'를 가장 먼저 습득하였으며 연결구 중에서는 '-기 때문에'를 가장 먼저 습득하는 것으로 나타났다. 또한 중국인 고급 한국어 학습자의 경우 고급에서도 다양한 이유·원인 표현을 사용하지 못한다는 사실을 볼 수 있으며 학습 초기에 제시되어 학습하고 인지한 항목에 대한 의존도가 높다는 것을 볼 수 있었다.

6) 연구의 의의와 한계

이 연구는 집단의 습득 양상을 살폈는데 개인의 습득을 분석한 연구에 비해 다양한 변수에 의해 정확도 면에서 낮을 수 있으나 일반화하여 설명할 수 있다는 장점이 있다. 10개월의 시간을 들여 중국인 한국어 학습자들의 이유·원인 표현의 중간언어 발달 양상을 살폈을 뿐만 아니라 나타난 오류도 함께 지적하였다. 연구의 결과 중 학습자들이 초급에서 학습한 표현만을 사용하는 경향을 볼 수 있었는데 이것은 추후 한국어교육 현장에서 교육과정을 개발할 때 순환적인 교육 과정을 사용할 수 있도록 이론적인 기초를 제공해 주고 있다. 연구자도 밝혔다시피 이 연구는 문어 자료만으로 진행되어 학습자들의 구어적인 특성을 함께 보지 못했다는 아쉬움을 두고 있다. 차후 구어적인 특성도 함께 고려하여 말하기 과제 혹은 실제 말하기 대화를 녹음한 자료를 수집하여 연구를 진행할 수 있겠다. 이 연구에서는 5급 학습자들을 연구의 보완으로 추가 실험을 하였으나 5급 및 6급 학습자들도 포함하여 연구를 진행하는 것을 연구 과제로 남길 수 있다.

참고문헌

강현화 외(2017).『담화 기능에 따른 한국어 유사 문법 항목 연구』, 한글파크.
김아름·김영주(2016).「중국인 L2 한국어 학습자의 화용 능력 발달: 요청 화행과 거절 화행 실현을 중심으로」,『이중언어학』65호, 이중언어학회, 1-29 .
김지혜(2013).「구어 담화에서의 한국어 학습자 요청 화행 실현 양상 연구: 전화 메시지 남기기 과제를 중심으로」,『이중언어학』52호, 이중언어학회, 45-69.
동신상(2011).「중국인 한국어 학습자의 요청화행에 대한 연구: 고급 학습자의 화행 전략과 표현 양상을 중심으로」, 연세대학교 대학원 석사학위 논문.
박소연(2019).「한국어 공손성 인식 연구: 요청화행을 중심으로」, 연세대학교 대학원 박사학위 논문.
성은주(2010).「중국인 한국어 학습자의 [이유, 원인] 표현 습득 양상 연구-KFL 작문 자료를 중심으로」, 영남대학교 대학원 석사학위 논문.
유양(2016).「중국인 고급 학습자를 위한 한국어 불평 화행 교육 방안에 대한 연구 : 한국 내 중국인 직장인을 중심으로」, 중앙대학교 대학원 박사학위 논문.
이강순(2007).「일본인 고급 한국어 학습자의 요청 화행 연구: 전략과 표현을 중심으로」, 이화여자대학교 대학원 석사학위 논문.
이해영 외(2016).「비교문화적 화용론의 관점에서 본 태국인 한국어 학습자의 사과 화행 연구」,『한국어교육』27권 3호, 국제한국어교육학회, 233-260.
임마누엘(2004).「한국어 화행 교육의 필요성과 교수 방안 연구-요청 화행을 중심으로」, 고려대학교 대학원 석사학위 논문.
임태운(2017).「한국어 학습자 중간언어의 대화 구성 연구」, 전남대학교 대학원 박사학위 논문.
최연숙(2013).「구두 DCT와 회고적 보고 방법을 활용한 불평 화행의 전략 사

용 연구: 베트남 결혼이민자 한국어 학습자를 중심으로」, 이화여자대학교 대학원 석사학위 논문.

최지은(2014).「영어권 한국어 학습자의 칭찬과 칭찬 반응 화행에 나타나는 화용적 문제 연구」, 연세대학교 대학원 석사학위 논문.

허문하(2017).「한국어교육의 화행교육 연구 동향 분석」,『대학교양교육연구』2권 1호, 배재대학교 주시경교양교육연구소, 191-223.

황정혜(2018).「중국인 학습자를 위한 지시-거절화행 대조 연구」, 연세대학교 대학원 박사학위 논문.

DONG SHIWEN(2015),「중국인 학습자의 한국어 연결어미 습득 연구-양보 연결어미 중심으로」, 고려대학교 대학원 석사학위 논문.

Blum-Kulka, S., House, J. & Kasper, G.(1989). *Cross-Cultural Pragmatics: Requests and Apologies*, Norwood, N. J.: Alex Pub. Corp.

Ellis, R., & Barkhuizen, G. P. (2005). *Analysing Learner Language*, Oxford University Press.

제6장
복잡성, 정확성, 유창성 분석
(Analysing Complexity, Accuracy, Fluency)

1. 복잡성, 정확성, 유창성 분석 방법 및 분석 절차

1) 분석의 목적

중간언어는 학습자 내부의 언어 체계에서 형성된 독특한 창조물이므로 정확한 실체를 파악하기가 쉽지 않다. 따라서 학습자의 언어 산출로 학습자의 언어 지식이 얼마나 내재화되었는지, 학습자의 언어 발달을 가장 근접하게 측정할 수 있는 방법이 필요하다(Ortega, 2003). Skehan(1998b)은 학습자의 산출물은 의미와 형태의 대비라는 관점에서 연구되어야 하며 유창성(fluency), 정확성(accuracy), 복잡성(complexity)의 세 영역이 '특정 과제에 대한 생성물을 측정할 수 있는 효과적인 지표'가 된다고 주장하였다. 제2언어 습득 교육에서 많은 학자들은 학습자 언어의 복잡성, 정확성, 유창성이 제2언어 수행과 숙달도를 구별해 주는 중요한 요소가 된다는 것을 인식하고 이들 세 지표를 활용하여 다양한 맥락에서 학습자의 숙달도나 과제 수행 중에 나타난 중간언어의 발달 단계를 고찰해 왔다(Guillot, 1999; Robinson, 2005; Tavakoli & Skehan, 2005; Larsen-Freeman, 2006; Hilton 2008; Housen & Kuiken, 2009).

2) 분석 자료

학습자 언어의 정확성, 복잡성, 유창성은 구어 자료와 문어 자료 모두에서 측정이 가능하다. 대체로 정확성과 복잡성을 측정하는 특정 지표는 구어와 문어 자료 모두에 적용될 수 있다. 그러나 유창성은 구어와 문어를 다르게 운용해야 한다(Ellis & Barkhuizen, 2005). 복잡성의 연구는 전통적으로 학습자가 산출한 쓰기 자료를 대상으로 이루어지며, 구어 연구라고 할지라도 문어 전사를 토대로 측정된다. 유창성은 일반적으로 구어 연구에 많이 사용된 구인이다.

학습자의 자료는 여러 집단 또는 개인을 연구 대상으로 할 수 있다. 연구 대상을 일정 기간 반복적으로 관찰하는 종적 연구 방법을 통해 수집하거나, 동시적으로 각 단계에서 연구 대상을 표집하여 측정하는 횡적 방법으로 수집할 수 있다. 또한 비교적 자료 접근이 용이한 횡적 연구 방법과 학습자의 습득 단계를 볼 수 있는 종적 연구의 장점을 합친 유사 종적 방법으로도 자료를 수집할 수 있다.

3) 분석 절차

Ellis & Barkhuizen(2005)은 복잡성, 정확성, 유창성의 분석 수행 과정을 다음의 다섯 가지로 나누었다.

(1) 분석 단위 설정
(2) 분석 지표 설정
(3) 분석 지표를 바탕으로 측정
(4) 복잡성, 정확성, 유창성 계산
(5) 분석 결과 해석

다음은 각 단계별로 수행해야 하는 내용들이다.

(1) 분석 단위를 설정한다.

전통적으로 문어 복잡성 연구에서는 T-unit을 대표적인 측정 단위로 사용하였다. 이를 구어 측정에 사용하기도 하였으나, 최근 들어 구어의 특성을 고려한 다양한 측정 방법들이 시도되고 있다. 의사소통 단위인 C-unit과 발화 측정 단위인 AS-unit이 그것이다.

▶ T-unit(Minimal Terminable unit)

Hunt(1965)는 통사 복잡성 지수로 T-unit을 제안하면서 '모든 종속절이 붙어 있는 하나의 주절'이라고 정의하였다. 그리고 Hunt(1966)에서는 T-unit을 '하나의 주절에 붙거나 안길 수 있는 모든 종속절을 합한 것'이라고 하였다. 이후 절 이외의 개념까지 분석에 포함한 Hunt(1970)에서는 '하나의 주절에 붙거나 안길 수 있는 모든 종속절과 절 이하의 구조를 합한 것'을 T-unit이라고 정의하였다. Hunt(1970)는 이를 문장, 절, 단어와 함께 영어 모어 화자 쓰기 텍스트의 통사적 발달 양상을 분석하는 기본 단위로 사용하였고 이는 이후에 ESL, EFL 연구에도 적용되었다. 영어의 문장이 여러 개의 주술 관계를 갖춘 최소의 문장 단위로 나누어질 수 있기 때문에 문장보다는 작고, 절보다는 새로운 분석 단위를 설정할 필요가 있다. 그러나 한국어는 영어와는 달리 T-unit이 문장과 일치하는 경우가 많아서 문장을 단위로 하는 경우가 많다(박지순·서세정, 2009; 이복자, 2015).

▶ C-unit(Communication Unit)

C-unit은 화자가 발화했을 때의 의사소통 단위를 말한다. 의사소통 단위란, 의미 중심의 단위를 말한다. 문어와 달리 구어에서는 문장 성분의 생략과 재구성이 빈번히 일어난다. 이러한 구어의 특성을 반영하고자 고안된 것이 C-unit이다. Loban(1966)은 문법적으로 독립적인 서술어를 가지거나 질문에 대한 간단한 대답처럼 독립적인 서술어 요소가 생략되어 있는 것도 C-unit이라고 정의하였다. 감탄사나 간단한 대답을 하는 경우만으로도 하나의 의사소통 단위가 될 수 있다. 가령, '아픈 적이 있었어요?'라는 상대방의 질문에 '네.'라고 간단하게 대답하는 경우도 하나의 C-unit이 된다(Foster et al, 2000). 그러나 C-unit은 발화자의 말차례(turn taking) 내에서만 분석이 가능하고, 의사소통 단위, 혹은 의미 단위라는 정의가 모호하다는 문제점이 있다.

▶ AS-unit (Analysis of Speech Unit)

Foster et al.(2000)은 AS-unit을 '종속절과 함께 나타나는 독립절 또는 절 이하의 단위(sub-clausal unit)로 구성된 단일 화자의 발화'로 정의하였다. '벽도 흰색이고 옷도 흰색이에요.'와 같이 두 독립절로 구성된 발화는 두 개의 AS-unit이 된다. 그리고 '맞아요.'와 같이 절 이하의 독립적인 단위로 구성된 발화도 하나의 AS-unit이 된다. 그리고 대등 접속 동사구(coordinated verb phrase)도 하나의 AS-unit으로 본다. '그는 재채기를 하고 콜록콜록했어요.'라는 발화는 통사적 범주로 볼 때 후행절의 주어가 생략되고 주어의 두 동작이 동사구로 대등하게 연결되어 있으므로 하나의 AS-unit이 되지만 두 문장 사이에 0.5초 이상의 휴지가 있고 새로운 발화를 시작하는 억양이 나타난다면 각각의 서로 다른 AS-unit으로 본다. 문장 성분이 생략되어 독립절의 경계가 모호해질 때 억양과 휴지 단위로 발화를 분석하는 것이다. 뿐만 아니라, AS-unit은 단일 화자의 발화를 분석 단위로 하므로 대화 중간에 다른 화자의 개입으로 발화가 일시적으로 중단되더라도 다시 발화가 계속 이어진다면 이어진 발화까지를 한 화자의 발화 단위(speech unit)로 본다. AS-unit은 이와 같이 의사소통적 의미를 통사 단위로 분석하면서도 억양과 휴지를 포함하여 발화 단위를 구분할 수 있도록 돕는다.

(2) 분석 지표를 설정한다.

① 복잡성 분석 지표

복잡성 측정 지표는 관련된 언어의 특성에 따라 상호작용적인 면, 명제적인 면, 기능적인 면, 문법적인 면, 그리고 어휘적인 면을 기준으로 주요 척도의 정의가 결정된다. 이를 표로 정리하면 다음과 같다.[1]

---

1 Ellis & Barkhuizen(2005)의 분류를 바탕으로 Read(2000)의 분류를 추가하여 재구성하였다.

〈표 1〉 언어적 특성으로 본 복잡성 측정 지표

요인	분류	정의	관련 연구
상호작용적인 면	분당 말차례(turn) 수	각 화자가 수행한 말차례의 개수. 상호작용에서 전체 말차례의 비율로 표현할 수 있음. 또 각 화자의 단어 수의 평균을 구하는 것	Duff(1986)
	말차례(turn)의 평균 길이	한 화자가 사용한 전체 단어의 개수를 이 화자의 전체 말차례의 개수로 나눈 것	
명제적인 면	사용된 생각의 단위	텍스트에서 (a) 큰 생각의 단위나 (b) 작은 생각의 단위 전체 개수를 셈. 크고 작은 생각은 메시지의 기선 수행(baseline performance)과 관련해 형성됨(예, 모국어 화자에 의해)	Zaiki & Ellis(1991)
기능적인 면	특정 언어기능 사용 빈도(예, 가정법)	화자가 수행한 특정 언어 기능 사용 횟수를 셈. 이 척도는 원시 빈도나 관련된 단위로 측정될 수도 있음(예, AS-unit면에서)	Brown(1991)
문법적인 면	종속절 수	각 절의 전체 개수를 C-unit나 AS-unit의 전체 개수로 나눈 것	Foster & Skehan(1996)
	특정 언어적 요소 사용 (예, 다양한 동사 형태)	서로 다른 동사 형태의 사용 개수	Yuan & Ellis(2003)
	동사 논항의 평균 수	동사 논항의 전체 개수(주어, 직접목적어, 간접목적어, 형용사보어, 전치사구)를 정형동사의 전체 개수를 나눈 것	Bygate(1999)
어휘적인 면	TTR (어휘 다양도)	사용된 어휘 유형의 전체 개수를 텍스트에서 사용된 전체 어휘 구현 개수로 나눈 것	Robinson(1995)
	어휘 밀도	내용어의 비율	Ure(1971) Arnaud(1984)
	어휘 세련도	저빈도 어휘의 비율	Linnarud(1986)

② 정확성 분석 지표

제2언어 습득 연구에서 정확성을 측정하기 위해 여러 가지 측정 방법을 사용해 왔는데 정리하면 다음 〈표 2〉와 같다.

〈표 2〉 정확성 측정 방법(Ellis & Barkhuizen, 2005)

방법		설명	연구
일반적 측정	자기 수정 개수	전체 범한 오류 개수 대비 자율 수정의 개수	Wigglesworth (1997)
	무오류 절의 비율	오류가 없는 절의 개수를 전체 주절, 종속단위, 종속절 개수로 나누고 100을 곱함	Foster & Skehan(1996)
	100 단어 당 오류 개수	전체 단어 개수를 100으로 나누고 이것으로 오류 개수로 나눔	Mehnert(1998)
특정적 측정	목표어 같은 동사 형태부	맞는 정형 동사구의 개수를 동사구 전체 수로 나누고 100을 곱함	Wigglesworth (1997)
	목표어 같은 복수의 사용 비율	제대로 사용된 복수의 개수를 복수를 사용해야만 하는 상황의 수로 나누고 100을 곱함	Crookes(1989)
	목표어 같은 어휘 사용	어휘 오류의 개수를 글(text)에 사용된 전체 단어수로 나눔(비유창성 제외)	Skehan & Foster (1997)

③ 유창성 분석 지표

유창성 측정은 말하기나 쓰기의 속도와 관련된 '시간적 변수(temporal variables)'와 비유창성과 관련된 '비유창성 변수(hesitation phenomena)'라는 두 개의 주요 기준 유형이 있다 (Wiese, 1984; Lennon, 1990). 이를 정리하면 다음 〈표 3〉과 같다.

〈표 3〉 유창성 분석 지표

척도	정의
시간적 변수	
1. 말하기/쓰기 속도	초당, 혹은 분당 생성한 음절의 개수로 보통 측정한다. 정리된 음절(즉, 비유창성을 뺀)의 개수를 세고 텍스트를 만드는 데 걸린 총 초/분으로 나눈다.
2. 휴지 개수	각 화자의 휴지 개수(채워진 멈춤, 빈 멈춤 다 합함)
3. 휴지 길이	어떤 기준(예, 1초)을 넘어서는 휴지의 전체 길이나 기준을 넘어서는 전체 휴지의 중간값. 휴지 길이는 과제 수행 중의 침묵의 척도가 된다.
4. 발화 길이	미리 정해 놓은 길이(예, 1초)의 휴지와 다음 그 길이의 휴지 사이에 나타난 음절수의 중간 값. 비유창성을 제외하고 계산한다.
비유창성 변수	
5. 시작부터의 실패	완성되지 못한 발화/문장(즉, 조각들로 구성된 것).
6. 반복	변형하지 않고 단어, 구, 절을 반복하는 것
7. 재구성	어느 정도 변형해서 구나 절을 반복하는 것
8. 교체	다른 단어로 바로 교체하는 어휘들

(3) 분석 지표를 바탕으로 측정한다.

① 통사적 복잡성을 측정하는 각 지문의 T-unit(AS-unit) 수, 단어 수, 종속절 수를 센다. 어휘적 복잡성을 측정하는 어휘 유형수, 어휘 구현수, 내용어 수, 기능어 수, 저빈도어 수를 센다.
② 정확성을 측정하는 자기 수정 개수, 오류절 수, 오류 수를 센다.
③ 유창성을 측정하는 음절 수, 휴지 개수, 휴지 길이, 휴지 간 음절 수, 반복의 수를 센다.

다음의 예시는 3~6급 중국인 한국어 학습자가 같은 주제인 '흡연 규제'에 대해 쓴 작문들이다. 문어 자료이기 때문에 유창성(c)을 분석하지 않았다.

(6-1) 3급

우리 생활 주변에 흡연하는 사람이 끊이없이(끊임없이) 증가한다. 당연히 담배를 피워서 건가(건강)을(에) 좋지 않고 환경도 나빠진다. 그리고 주변 사람에게 영향도 있다. 그래서 흡연에 대한 규제가 점점 강화되고 있다. 취업할 때 흡변(흡연)도 편가(평가) 표준을(기준이)도 편가 표준을 된다.

- 문장 수(T-unit): 5, 절 수: 10, 단어 수(구현수): 44, 대등절 수: 1(대등적 연결어미 수: 1), 종속절 수: 4(부사적 연결어미: 1, 관형사형 전성어미: 3) 어휘 유형수: 36, 내용어 수: 28, 저빈도어 수: 14(최상급 어휘 유형수: 0, 고급 어휘 유형수: 4, 중급 어휘 유형수: 10)
- 오류절 수: 3, 오류 수: 7

(6-2) 4급

저는 직장에서의 흡연 규제에 대한(대해) 반대한다. 사람마다 자기(가) 좋아하는ETM1 일을 하는 권리가 있다. 그리고 최근에는 채용이나 인사에서 흡연자를 제외하는 기업도 생기는 일에 대한(대해) 이해할 수 없다. 이런 방식으로 간접흡연의 피해를 줄일 수 있지만 흡연자들에게 불공평의 제도라고 생각한다. 저는 직장에서의 흡연 규제에 대한(대해) 반대하는 이유가 2가지(가) 있다. 먼저, 사람들은 이 사회에 살면서 자기(가) 좋아하는 일을 하는 권리가 있다.

- 문장 수(T-unit): 6, 절: 21, 단어 수(구현수): 87, 대등절 수: 1(대등적 연결어미 수: 1). 종속절 수: 14(부사적 연결어미: 1, 관형사절 전성어미:12, 인용소사: 1) 어휘 유형수: 53, 내용어 수: 49, 저빈도어 수: 16(최상급 어휘 유형수: 2, 고급 어휘 유형수: 5, 중급 어휘 유형수: 9)
- 오류절 수: 6, 오류 수: 6

(6-3) 5급

나의 입장은 흡연에 대한 규제가(를) 엄격히 실시해야 한다고 생각합니다. 다들 아시다시피 담배에 많은 유해 물질들이 들어가 각종 암을 일으키는 원인이 됩니다. 자신의 건강이(은) 물론이고 가족을 포함한(포함하는) 주변 사람에게도 간접흡연의 피해를 줍니다. 특히 공공장(공공장소)에서 흡연하는 모습이 어린이에게도 악영향을 줄 수 있는(을) 것입니다. 어린이들이 어렸을 때부터 이런 안 좋은 영향을 받으면 아무 생각 없이 나중에 크면 어른들에 따라 하는 확율(확률)이 높다고 생각합나다.

- 문장 수(T-unit): 5, 절 수: 23, 단어 수(구현수): 91, 대등절 수: 1(대등적 연결어미 수: 1), 종속절 수: 17(부사적 연결어미: 5, 명사절 문법표지: 1 관형사절 전성어미: 9, 인용조사: 2) 어휘 유형수: 68, 내용어 수: 54, 저빈도어 수: 20(최상급 어휘 유형수: 0, 고급 어휘 유형수: 7, 중급 어휘 유형수: 13)
- 오류절 수: 6, 오류 수: 6

(6-4) 6급
오늘날 흡연의 위해성이 많이 밝혀지면서 흡연에 대한 규제가 점점 강화되고 있다. 하여 일부 기업에서는 채용 혹은 인사에서 흡연자를 제외하거나 비흡연자에게 가산점을 주면서 흡연자들에게 불이익을 주는데 이것은 바람직하지 못하(않다)다고 생각된다. 물론 이런 방식을 통하여 간접흔연(흡연)의 피해를 일부 줄일 수 있고 또 흡연 규제를 강화할 수 있으며 또 일부 사람들로 하여금 담배를 떼도록 권유하는 효과가 있다.

- 문장 수(T-unit): 3, 절 수: 14, 단어 수(구현수): 80, 대등절 수: 3(대등적 연결어미 수: 3), 종속절 수: 10(부사적 연결어미: 5, 명사절 문법표지: 0, 관형사절 전성어미: 4, 인용조사: 1) 어휘 유형수: 57, 내용어 수: 53, 저빈도어 수: 27(최상급 어휘 유형수: 5, 고급 어휘 유형수: 8, 중급 어휘 유형수: 14)
- 오류절 수: 2, 오류 수: 2

(4) 복잡성, 정확성, 유창성을 각각 계산한다.

앞의 (3)에서 계산한 결과를 표에 넣어서 숙달도에 따른 각 지표의 변화를 살펴본다.

① 복잡성

〈표 4〉 복잡성 측정

척도	3급	4급	5급	6급
상호작용적 면: turn의 개수, turn길이 평균				
명제적인 면: 사용된 생각의 단위				
기능적인 면: 특정 언어 기능 빈도				
문법적인 면: 종속절의 비율 (문장 당 종속절 수)	4/5=0.800	14/6=2.333	17/5=3.400	10/3=3.333
특정 언어적 요소 사용				
동사 논항 중앙값				
어휘 다양도	36/44=0.818	53/87=0.609	68/91=0.747	57/80=0.713
어휘 밀도	28/44=0.636	49/87=0.563	54/91=0.593	53/80=0.663
어휘 세련도	14/36=0.389	16/53=0.302	20/68=0.294	27/57=0.474

*이 표의 빈칸은 언어 자료의 특성상 측정하지 못했다.

② 정확성

〈표 5〉 정확성 측정

척도	3급	4급	5급	6급
자율 수정 개수				
오류절의 비율	3/10=0.300	6/21=0.286	6/23=0.261	2/14=0.143
100 단어 당 오류 수	(100/44)*7 =15.909	(100/87)*6 =6.897	(100/91)*6 =6.593	(100/80)*2 =2.5
목표어 같은 동사 형태부				
목표어 같은 복수의 사용 비율				
목표어 같은 어휘 사용(어휘 오류 비율)	5/44=0.114	0/87=0	2/91=0.022	2/80=0.025

*이 표의 빈칸은 언어 자료의 특성 상 측정하지 못했다.

(5) 분석 결과를 해석한다.

마지막 단계에서 위의 단계에서 계산된 복잡성과 정확성 수치를 바탕으로 습득 과정을 기술한다. 통사적 복잡성을 측정하는 종속절의 비율(문장 당 종속절 수)은 3급에서 6급으로 올라갈수록 전체적으로 많아지는 것으로 나타났다. 즉, 학습이 진행되고 숙달도가 높아질수록 복문과 같이 통사적으로 복잡한 구조를 활용하여 문장을 확장시켜 나감으로써 좀 더 세련되고 정교한 문장을 만들 수 있게 되는 것이다. 어휘적 복잡성을 측정하는 어휘 다양도와 어휘 밀도는 숙달도 간에 거의 차이가 없으며 어휘 세련도는 6급에 가서야 비로소 차이를 보였다. 정확성을 측정하는 오류절의 비율, 100단어 당 오류 수는 숙달도가 높아짐에 따라 줄어들어 정확성이 높아지는 것을 확인할 수 있었다.

2. 한국어교육의 복잡성, 정확성, 유창성 분석 연구 경향

한국어교육에서 통사적 복잡성에 대한 연구의 대부분은 영어교육에서 사용한 지표들을 한국어교육에 적용하여 한국어 학습자들의 통사적 숙달도를 판별할 수 있는지를 살펴본 것이다. 대표적인 연구로는 서세정(2009), 최예슬(2018) 등이 있다. 어휘적 복잡성이 학습자 언어 발달의 지표라는 전제로 이루어진 한국어교육에서의 연구는 대부분 어휘 사용의 다양성과 사용 빈도 분석에 집중하여 왔다. 대표적인 연구로는 안경화(2003), 진대연(2006), 배도용(2012), 원미진 외(2017) 등이 있다.

정확성은 제2언어를 습득하는 학습자들이 산출한 언어 자료가 목표어를 기준으로 했을 때 규범에서 벗어난 정도(Towell, 2012)를 파악하는 것이다. 이러한 정확성의 개념은 오류 분석의 개념과 부분적으로 일치한다. 본서 2장 오류 분석 연구 경향에서 제시한 바와 같이 최근 3년간 한국어교육 분야에서 오류 분석에 관한 연구를 살펴본 결과, 학습자 오류에 영향을 주는 요인은 '학습자', '학습자의 언어', '산출 조건' 세 가지로 꼽힐 수 있다. 첫 번째, 숙달도를 기준으로는 초·중·고급 전체(한송화, 2016; 한송화, 2018; 유민애, 2018 등)를 대상으로 한 연구가 가장 많았으며 언어권별로는 중국어권 한국어 학습자를 대상으로 한 연구(김정선, 2017; 이금영, 2017; 윤은경, 2018 등)가 주를 이루었고 대다수의 연구가 국내 대학 부설 어학 기관이나 대학(원)에서 교실 환경에서 한국어를 배운 학습자를 대상으로 한 것들이었다(이명화, 2017; 지현숙, 2017; 최은지, 2017; 정주리·유해준, 2018 등). 두 번째, 학습자의 오류에 영향을 미치는 '학습자의 언어' 요인을 세부적으로 표현 수단, 장르, 내용으로 구분하였다. 표현 수단 요인은 다시 구어와 문어로 나뉘고 내용은 담화의 주제에 따라 구분된다. 한국어 학습자의 오류 분석 연구에서 주를 이룬 표현 수단은 문어였으며, 장르는 주제별로는 구분되지 않았고 학습자의 숙달도 등급을 고려하여 선정되었다. 이전 오류 분석 연구는 자료 수집 및 가공의 용이성과 경제적·시간적 한계로 소규모의 언어 자료와 문어 자료에 편중된 경향을 보였으나(강현화, 2017) 최근에는 국립국어원에서 구축된 대규모 학습자의 말뭉치를 활용한 연구(Learners Corpus Research, LCR)와 구어 자료를 활용한 오류 분석 연구(강현화, 2017, 조민하, 2017; 유민애, 2018; 유문명, 2018; 주정정, 2018; 장미정, 2018; 한송화, 2018 등)가 꾸준히 증가하고 있는 추세이다. 마지막으로 학습자의 언어 자료는 '산출' 조건에 따라 자발적으로 생성된 것과 통제되거나 계획된 것으로 나뉜다(Ellis & Barkhuizen, 2005). 한국어 학습자의 오류 분석 연구의 대부분은 연구자가 학습자에게 특정 주제나 상황을 제시하여 수집된 자료를 연구 대상으로 삼고 있었으며 학습자가 자발적으로 생성한 언어 자료에 대한 오류 분석 연구는 찾아보기 어려웠다.

제2언어 선행연구에서 구어 유창성은 주로 발화 속도, 휴지 길이, 휴지 간 발화 길이, 비유창성 등에 의해 측정된다. 한국어교육에서 김영주 외(2013)와 김아름(2017)은 모두 발화 속도만 분석 기준으로 삼고 유창성을 측정하였는데, 김상수(2008)은 발화 속도, 휴지 개수, 반복과 망설임을 측정하였고 이복자(2015)와 장미미(2017)는 발화 속도, 휴지 길이, 휴지 간 발화 길이, 담화 표지 빈도를 측정하였다.

한국어교육에서 복잡성, 정확성, 유창성을 학습자들의 언어 발달을 판단할 수 있는 지표로 인식하여 통시적으로 분석하여 복잡성, 정확성, 그리고 유창성의 관계를 규명한 연구는 최근에 시작되었다. 대표적인 연구로는 이복자(2015), 장미미(2017), 주월랑(2018), 주우동(2019)이 있다.

3. 복잡성, 정확성, 유창성 분석 방법의 실제

3.1. 쓰기와 말하기 자료를 대상으로 한 복잡성, 정확성, 유창성 분석 연구

> 이복자(2015). 「한국어 학습자의 쓰기와 말하기에 나타난 복잡성, 정확성, 유창성의 역동적 발달 연구」, 연세대학교 박사학위 논문.

1) 분석 대상

Y대학교에서 2014년 4월부터 2015년 8월(1급부터 6급)까지 한국어를 학습한 싱가포르인 1명(여), 중국인 1명(여), 러시아인 1명(남)을 대상으로 2급부터 2주반~3주 간격으로 총 23회에 걸쳐 쓰기와 말하기 과제를 실시하였다. 쓰기와 말하기는 동일한 장르 안에서 매회 세 가지 주제를 제시하고 이중 하나를 선택하는 제한된 자유 과제를 실시하였으며 말하기는 구조의 복잡성을 충분히 유도하기 위해 독백 과제를 실시하였다.

2) 분석 방법

(1) 쓰기 자료 분석 방법

유창성을 복합성에 통합시켜 복잡성과 정확성의 발달을 고찰하였다. 문장 단위를 기본 단위로 설정하고 복잡성과 정확성의 하위 요인에 대한 비율과 빈도를 측정하였다. 비율 측정에서는 복잡성(문장 당 단어 수, 문장 당 대등절·내포절 수, 절 당 단어 수, 어휘 다양도)과 정확성(문장 당 오류율)을 측정하였으며, 빈도 측정에서는 복잡성(대등절, 내포절의 유형 빈도와 단문·복문 빈도, 숙달도별 어휘 사용 빈도)과 정확성(오류 유형 빈도)을 측정하였다.

(2) 말하기 자료 분석 방법

AS-unit을 기본 단위로 설정하고 복잡성, 정확성, 유창성의 하위 요인에 대한 비율과 빈도를 측정하였다. 비율 측정에서는 복잡성(AS-단위 당 단어 수, AS-unit 당 대등절·내포절 수, 절 당 단어 수, 어휘 다양도)과 정확성(AS-unit 당 오류율), 유창성(분당 총 음절 수, 평균 휴지 길이, 휴지 간 평균 음절 수)을 측정하였으며 빈도 측정에서는 복잡성(대등절, 내포절의 유형빈도와 단문·복문 빈도, 숙달도별 어휘 사용 빈도)과 정확성(오류 유형 빈도), 유창성(담화표지)을 측정하였다. 그리고 각 구인에 따른 내용 분석을 보충적으로 제시하였다.

3) 분석 결과

쓰기와 말하기에 나타난 복잡성, 정확성, 유창성의 발달은 학습자의 제한된 자원 하에서 시간이 지남에 따라 역동적인 발달 과정을 거치며 비선형적인 양상을 보였다. 즉, 학습자마다 개인의 발달 경로에서 상승과 하락, 진보와 퇴행, 하위 요인들 간의 복합적인 상호관계를 보이며 독특한 개별 발달 양상을 보였다. 그리고 동일한 교육을 받은 학습자라고 할지라도 언어 습득 과정이 모두 동일하게 단계적으로 일어나지 않으며 언어 발달 과정에 고정된 패턴이 없다는 것을 확인할 수 있었다.

4) 연구의 의의와 한계

본 연구는 그간 한국어교육에서 연구가 미흡했던 종적 연구 자료를 대상으로 학습자의 언어 사용 양상을 질적으로 분석하고 그 결과를 통하여 교육적 함의를 제공하였다는 점에서 의의가 있다. 그러나 본 연구에서는 모국어가 어떻게 언어 발달 과정에 영향을 미치고 이들의 사회 환경적 맥락이 질적으로 어떠한 변화 과정을 거쳤는가에 대한 충분히 분석이 이루어지지 못하였다는 한계가 있다.

3.2. 말하기 자료를 대상으로 한 복잡성, 정확성, 유창성 분석 연구

> 장미미(2017). 「한국어 학습자의 언어 능력에 대한 연구-말하기 평가 점수와의 관계를 중심으로-」, 연세대학교 박사학위 논문.

1) 분석 대상

이 연구는 말하기 평가에 사용된 질문에 답하기에 초점을 맞추어 중국인 학습자 136명을 대상으로 738개 말하기 음성 파일을 전사하여 분석하였다. 말하기 점수에 따라 상·중·하 집단으로 분류하였다.

2) 분석 방법

복잡성에서는 어휘 밀도와 어휘 다양도를, 정확성에서는 오류율과 자가 수정율을, 유창성에서는 발화 속도, 휴지 길이, 휴지 간 발화 속도, AS-unit 당 담화 표지 개수를 각각 선정하여 분석하였다.

3) 분석 결과

(1) 복잡성, 정확성, 유창성의 양상 비교

 말하기 평가 점수는 하위권부터 상위권까지 어휘 밀도를 제외한 어휘 다양도, 오류율, 자가 수정율, 발화 속도, 휴지 길이, 휴지 간 발화 길이, 담화 표지 등 면에서 모두 유의한 차이가 나타났다. 그리고 어휘 다양도, 발화 속도, 휴지 길이, 휴지 간 발화 길이는 모든 문항에서 모두 유의한 차이를 보였다.

(2) 복잡성, 정확성, 유창성과 평가 점수의 관계 분석

 발화 속도, 오류율, 어휘 다양도, 휴지 길이의 순으로 말하기 점수에 영향을 미치는 것으로 나타났다. 또한, 하위권에서 문항 점수에 미치는 요인들이 오류율, 발화 속도, 휴지 간 발화 길이, 휴지 길이의 순으로 나타났고 중위권과 상위권에서는 모두 오류율, 휴지 길이의 순으로 나타났다. 상·중·하 집단 내에서 오류율과 휴지 길이가 말하기 점수를 변별할 수 있는 요인으로 나타났다.

4) 연구의 의의와 한계

 학습자의 구어 발달 양상을 측정할 수 있는 측정 지표의 문제를 말하기 평가 점수와의 상관관계를 통해 밝힘으로써 향후 말하기 평가의 구인을 결정하거나 말하기 능력의 구성 요소를 밝히는 데 기초자료를 제공하였다. 말하기 평가 방법의 타당성을 검증할 수 있을 뿐만 아니라 이를 바탕으로 하여 구어 측정 방법의 연구에 기초 연구로서의 의의를 갖는다.

하지만 본 연구에서 사용한 말하기 자료는 말하기 시험의 유형에 한정된 자료이므로 전반적인 말하기 능력을 측정할 수 있는 자료로서는 한계가 있다.

3.3. 쓰기 자료를 대상으로 한 복잡성, 정확성 분석 연구

주우동(2019). 「중국인 학습자의 언어 발달 양상 연구-복잡성과 정확성을 중심으로-」, 연세대학교 박사학위 논문.

1) 연구 대상

이 연구는 유사 종적 방법으로 한국어능력시험 쓰기 자료(3급, 4급, 5급, 6급)를 수집하여 분석하였다. 그리고 모국어의 영향을 받지 않도록 한국어 학습자 중에 가장 많은 비율을 차지하는 중국인 학습자들이 산출한 자료만을 선정하였다. 쓰기 자료는 설명문 장르와 논설문 장르로 나누었다.

2) 연구 방법

유창성을 복잡성에 통합시켜 복잡성과 정확성의 발달을 고찰하였다. 복잡성은 통사적 복잡성과 어휘적 복잡성을 구분하였으며 통사적 복잡성 측정 요인은 문장 길이(문장 당 어휘 수), 문장 확장(문장 당 연결어미 수, 문장 당 전성어미 수, 문장 당 인용조사 수), 문법 난이도를 설정하였으며, 어휘적 복잡성은 어휘 다양도, 어휘 밀도, 어휘 세련도로 설정하였다. 정확성은 오류문 비율과 문장 당 오류 수를 통해 측정하였다.

3) 연구 결과

(1) 숙달도에 따른 복잡성과 정확성 발달 양상

숙달도에 따라 통사적 복잡성을 측정하는 하위 요인들이 모두 증가하는 양상을 보였으며, 학습이 진행되고 숙달도가 높아질수록 복문과 같이 통사적으로 복잡한 구조를 활용하여 문장을 확장시켜 나감으로써 좀 더 세련되고 정교한 문장을 만들 수 있게 되는 것을 확인하였다. 또한 어휘 다양도와 어휘 밀도는 숙달도 간에 차이가 없으며 어휘 세련도는 높아짐을 확인하였다. 오류문 비율과 문장 당 오류 수는 모두 숙달도가 올라감에 따라 줄어들었다. 통계적으로 분석한 결과, 문장 당 어휘 수와 문장 당 연결어미 수, 오류문 비율은 숙달도 간에 모두 유의미한 차이가 있으므로 이 세 지표가 한국어 학습자의 쓰기 숙달도를 판정할 수 있는 유표적 지표임을 증명하였다.

(2) 장르에 따른 복잡성과 정확성 발달 양상

쓰기 장르에 따라 문장 당 어휘 수와 문장 당 연결어미 수 외에 나머지 복잡성과 정확성의 하위 요인들의 수치가 모두 논술문 장르가 설명문 장르보다 높다는 것을 파악하였다. 통계적으로 분석한 결과, 문장 당 연결어미 수, 어휘 다양도, 어휘 밀도, 어휘 세련도가 유의미한 차이가 있음을 확인하였다. 이외에, 논술문 장르에 속하는 두 주제 간에 어휘 밀도, 어휘 세련도가 통계적으로 유의미한 차이가 있으므로 어휘 사용이 장르뿐만 아니라 주제에도 영향을 받을 수 있다는 것임을 제시하였다.

4) 연구의 의의와 한계

이 연구는 대규모의 쓰기 자료를 수집하여 중국인 한국어 학습자의 복잡성과 정확성의 발달 과정을 밝혔다는 데 의의를 찾을 수 있다. 숙달도에 따른 복잡성 및 정확성의 발달 양상과 장르에 따른 복잡성 및 정확성의 발달 양상을 밝히는 데에 그치는 것이 아니라, 통계 방법으로 숙달도와 장르 간의 유의미한 차이가 나타나는 요인을 알아보고 한국어교육에서 숙달도와 장르를 판별할 수 있는 유효한 지표를 모색하였다. 이것은 한국어교육 쓰기 평가 모델을 보완하고 쓰기 능력 발달을 측정할 수 있는 객관적인 지표로 활용하는 데 기여할 것이다. 그러나 쓰기 평가 문항에 응답한 쓰기 지표만을 연구 자료로 한 점은 이 연구의 한계로 볼 수 있다.

참고문헌

김상수(2008). 「한국어 학습자 발화의 유창도 판단에 관한 연구」, 『한국어교육』 19(2), 국제한국어교육학회, 1-16.
김아름(2017). 「한국어 학습자의 말하기 능력 발달 연구: 국내 중국인 학습자를 대상으로」, 경희대학교 박사학위 논문.
박지순·서세정(2009). 「쓰기 텍스트 분석을 통한 한국어 학습자의 통사적 숙달도 측정 연구」, 『언어와 문화』 5, 한국언어문화교육학회, 151-173.
배도용(2012). 「한국어 학습자의 쓰기에 나타난 어휘 다양도 및 어휘 밀도 연구」, 『언어과학』 19, 한국언어과학회, 99-117.
서세정(2009). 「통사적 숙달도 진단을 통한 한국어 학습자의 중위언어 발달 연구: 학습자 작문 텍스트의 분석을 바탕으로」, 연세대학교 석사학위 논문.
안경화(2003). 「중위언어 어휘론 연구의 과제와 전망」, 『이중언어학』 23, 이중언어학회, 167-186.
원미진 외(2017). 「한국어 학습자의 쓰기에 나타난 어휘 풍요도 연구-숙달도 측정 도구로써 어휘 풍요도 측정 가능성을 중심으로-」, 『어문논총』 17, 한국문학언어학회, 33-55.
이복자(2015). 「한국어 학습자의 쓰기와 말하기에 나타난 복잡성, 정확성, 유창성의 역동적 발달 연구」, 연세대학교 박사학위 논문.
장미미(2017). 「한국어 학습자의 언어 능력에 대한 연구-말하기 평가 점수와의 관계를 중심으로-」, 연세대학교 박사학위 논문.
주우동(2019). 「중국인 학습자의 언어 발달 양상 연구-복잡성과 정확성을 중심으로-」, 연세대학교 박사학위 논문.
주월랑(2018). 「여성결혼이민자의 중간언어 발달 연구-쓰기 자료의 복잡성과 정확성을 중심으로-」, 연세대학교 박사학위 논문.
진대연(2006), 「한국어 학습자의 쓰기 능력 발달에 대한 연구: 발달 특성 및 수준 기술을 중심으로」, 서울대학교 박사학위 논문.
최예슬(2018). 「한국어 학습자의 수준별 통사적 복잡성 비교 연구-학습자 작문 자료 분석을 통하여-」, 연세대학교 석사학위 논문.

Ellis, R. & Barkhuizen, G. (2005). *Analysing Learner Language*. London: Oxford University Press.

Hilton, H. (2008). The link between vocabulary knowledge and spoken L2 Fuency. *Language Learning Journal*, 36(2), 153-166.

Housen, A. & Kuiken, F. (2009). Complexity, accuracy, and fluency in second language acquisition. *Applied linguistics* 30(4), 461-473.

Housen, A. Kuiken, F., & Vedder, I. (2012). Complexity, accuracy and fluency : Definitions, measurement and research. In Housen, A., Kuiken, F., & Vedder, I., (Eds.). *Dimensions of L2 performance and proficiency: complexity, accuracy and fluency in SLA*(pp.1-20) Amsterdam, The Netherlands/ Philadelphia. PA: John Benjamins.

Hunt, K. W. (1965). *Grammatical Structures Written at Three Grade Levels*. Champaign, IL: National Council of Teachers of English.

Hunt, K. W. (1966). Recent measures in syntactic development. *Elementary English*, 43, 732-739.

Hunt, K. W. (1970). *Syntactic maturity in school-children and adult*. Monograph of the society for Research into Child Development.

Larsen-Freeman, D. (2006). The emergence of complexity, fluency, and accuracy in the oral and written production of five chinese learners of English. *Applied Linguistics* 27(4), 590-619.

Lennon, P. (1990). Investigating fluency in EFL; A quantitative approach. *Language Learning* 40: 387-417.

Loban, W. (1966). *The language of elementary school children*. (Research Report no.1). Champaign, Ill: National Council of Teachers of English.

Ortega, L.(2003). Syntactic Complexity Measures and their Relationship to L2 Proficiency: A Research Synthesis of College level L2:Writing. *Applied Linguistics*, 24(4), 492-518.

Read, J.(2000). *Assessing Vocabulary*. Cambridge University Press.

Robinson, P. (2005). Cognitive complexity and task sequencing: studies in a componential framework for second language task design. *Interactional Review of Applied Liguistics* (IRAL), 43(1) 1-32.

Tavakoli, P. & Skehan, P.(2005). Strategic planning, task structure, and performance testing. In R. Ellis (Ed.). *Planning and Task Performance in a Second Language*. Benjamins.

Wiese, R. (1984). Language production in foreign and native languages: Same or different in H. Dechert, D. Möhle, and M. Raupach (eds).

제7장
상호작용 분석
(Interactional Analysis)

1. 상호작용 분석 방법 및 분석 절차

1) 분석의 목적

의사소통 중심의 외국어 교육이 강조되면서 대화자 간의 상호작용은 다양한 분석 방법을 적용하여 연구되어 왔다. 상호작용 분석의 목적은 연구자가 제2언어 자료에 어떤 관점에서 접근하느냐에 따라 달라질 수 있는데 Ellis & Barkhuizen(2005)에서는 제2언어 자료의 상호작용 분석에서 주로 사용되는 접근 방법으로 화행이론(speech act theory), 상호작용 사회언어학(interactional sociolinguistics), 의사소통의 민족지학(the ethnography of communication), 언어적 접근법(a linguistic approach), 대화 분석(conversation analysis) 등을 제시했다.

여기서 화행이론은 특정 의사소통 행위가 어떻게 그 목적을 달성하는지를 설명하고 그에 따라 행위(화행)를 분류하고자 하는 접근법을 말한다. 그리고 상호작용 사회언어학은 한 개인이 함께하는 다른 모든 사람들의 진의를 파악할 수 있고, 다른 사람들도 그 개인에게서 그들 자신을 발견할 수 있는, 상호 간의 관찰이 가능한 사회적 상황에 주목하여 그들의 관계와 그들 사이의 다양한 대화의 형태에서 일어나는 현상들을 경험적으로 기술하는 것(이동은, 2000:9-10)을 목적으로 한다. 의사소통의 민족지학은 구체적인 사회 문화적 맥락 내에서 사용하는 언어 자료를 수집하여 민족지학적 방법을 통해 기술하여 해당 언어 공동체의 문화를 연구하고자 하는 접근법이다(서울대 국어교육연구소, 2014:95). 언어적 접근법은 Holliday의 체계기능문법(Systemic functional grammar) 모형과 같이 기존에 정립되어 있는 언어적 기술 도구를 활용하여 교실에서의 구두 상호작용 구조를 설명하고자 하는(Ellis & Barkhuizen, 2005:178) 방법이다. 마지막으로 대화 분석은 실제 대화를 녹취하고 전사한 자료를 바탕으로 보통의 화자들이 의식하고 있지 않은 대화의 심층적 구성 원리와 구조를 기술하고 재구성하여 가시화하는 것을 목적으로 한다(서울대 국어교육연구소, 2014:121).

이상의 접근법은 언어학, 사회학, 인류학 등의 분야에서 각각 언어, 사회, 문화에 관심을 가지면서 발달되어 왔고 분석 방법이 비교적 잘 정리되어 있어 한국어교육 분야에서도 이들을 바탕으로 한 연구가 수행되어 왔다. 그러나 여기에서는 언어적 접근법 중 Long의 상호작용 가설과 밀접한 관련이 있는 문제 해결을 위한 의미 협상에 초점을 둔다. Ellis & Barkhuizen(2005)은 상호작용 분석을 어떻게 수행하는지 안내하는 일반적인 원칙들은 찾을 수 있으나 명확한 절차를 확인하는 것은 불가능하다고 지적하면서, 이를 분명히 하기 위해서는 분석되는 특징의 범위를 제한할 수 있는 특정 유형의 상호작용에 초점을 맞출 필요가 있다고 제안

했다. 따라서 본 장에서는 상호작용 분석 방법 중 의미 협상을 위한 분석 방법과 절차를 제시하고 실제 한국어교육 분야에서 수행된 연구를 소개한다.

2) 분석 자료

상호작용 분석은 담화(談話)를 연구 대상으로 삼는다는 점에서 담화 분석, 대화 분석과 공통되는 부분이 많다. Nunan(1992:230-233)은 담화 분석, 대화 분석, 상호작용 분석의 차이가 범주의 문제라기보다는 강조점의 문제라고 밝히며 자료 수집 방법, 분석되는 언어의 형태, 분석 유형(범주적/해석적), 분석 단위(언어적/비언어적 여부) 등의 네 가지 기준으로 각 분석 방법의 차이를 설명했다. 여기서 상호작용 분석은 자연발생적인 방법으로 수집한 구어자료를 분석 대상으로 하며, 추론적이고 해석적인 방법으로 분석한다는 점에서 대화 분석과 유사하고 담화 분석보다는 그 범위가 좁다는 특징을 보인다. 그러나 언어적, 비언어적 측면을 모두 고려한다는 점에서는 언어에 관심을 갖는 담화 분석, 비언어적인 측면을 관찰하는 대화 분석과 차이를 갖는다.

이와 같이 상호작용 분석 방법은 자연발생적인 방법으로 수집된 구어자료의 언어적, 비언어적 측면을 관찰하여 추론적이고 해석적인 방법으로 분석한다는 특징을 갖는다. 이는 문제 해결을 위한 의미 협상 분석에도 동일하게 적용되는데 의미 협상을 위한 언어 자료에는 교실 상황에서 일어나는 교사와 학생 간, 학생과 학생 간의 구어 발화나 교실 밖의 자연스러운 상황에서 일어나는 원어민과 비원어민 간, 혹은 비원어민 간의 대화 등이 사용된다.

3) 분석 절차

Ellis & Barkhuizen(2005)에서는 문제 해결 의미 협상 과정에서 나타나는 상호작용을 분석하기 위한 절차로 다음의 네 단계를 제시했다.

(1) 조사 목적 정의하기
(2) 장애 발화 확인하기
(3) 분석 틀 설정하기
(4) 자료 수량화하기

각 단계의 구체적인 내용은 다음과 같다.

(1) 조사 목적 정의하기: 연구 문제와 범위를 설정한다.

분석을 위한 첫 번째 단계는 상호작용 분석을 통해 확인하고자 하는 연구 문제를 설정하고 핵심 용어에 대한 정의를 내림으로써 연구의 범위를 설정하는 것이다. 예를 들어 교실 상황에서 학습자 간에 나타나는 협상 과정을 조사하고자 할 때 '두 학습자는 과제수행 과정에서 의사소통 문제 협상에 얼마나 성공하는가?'와 같은 연구 문제를 설정할 수 있다. 그리고 여기서 '의사소통 문제'를 대화 참여자들이 상호작용 과정에서 서로를 이해하지 못하여 이를 해결하기 위해 의견 교환에 집중하는 활동과 관련된 것으로 정의하고, '성공'을 대화 참여자들이 문제 해결을 위해 협조적으로 대화에 참여하는 것으로 정의할 수 있다.

(2) 장애 발화 확인하기:
   자료에서 조사 목적에 속하는 사례를 확인한다.

두 번째 단계는 상호작용 과정에서 장애가 되는 발화를 확인하는 것이다. 장애 발화를 확인할 때 연구자는 앞서 정의한 '의사소통 문제'의 개념을 참고할 수 있다. 보통 언어적 신호를 사용하여 의사소통 장애 여부를 판별하게 되는데 이때 두 대화 상대자의 역할을 구별하는 것이 유용하다. 즉, 상호작용에는 대화를 시작하는 역할을 하는 사람이 있고 이에 반응하는 역할을 하는 사람이 있는데 반응하는 사람이 보통 의사소통 장애 신호를 보내게 된다. 따라서 연구자는 전사 자료에서 반응하는 사람이 상대방에게 '아니'라든지 불완전한 이해를 표현하는 부분을 찾으면 된다. 이 과정에서 확인된 발화는 이후에 분석 틀을 통해 재검토되므로 이 단계에서 설정한 장애 발화의 판별은 임시적이라고 할 수 있다.

연구자가 장애 발화를 확인할 때 문제가 되는 것은 어떤 발화를 협상으로 볼 것인가와 어디까지를 협상 과정으로 볼 것인가에 관한 것이다. 협상으로 볼 수 있는 발화는 반응하는 사람이 상대방의 말을 정확하게 이해하지 못한 경우와 대화 상황에서 두 사람이 이해한 정보가 서로 어긋난 경우이다. 여기서 전자는 Long(1983)이 언급한 '의미 협상'이고 후자는 Rulon & McCreary(1986)에서 제시한 '내용 협상'과 관련된다. 따라서 연구자는 의미 협상에만 초점을 맞출 것인지, 내용 협상도 포함할 것인지를 결정해야 한다. 그리고 협상 과정의 경계는 의사소통 장애로 시작된 상호작용의 마지막을 어느 발화로 할 것인지를 정하는 것으로 일련의 상호작용을 두 개의 별개의 의미 협상 과정으로 볼 수도 있고 하나의 확장된 의미 협상 과정으로 볼 수도 있다.

(3) 분석 틀 설정하기: 기술하기 위한 체계적인 분석 틀을 설정한다.

세 번째 단계는 의미 협상 과정을 기술하기 위한 분석 틀을 설정하는 것으로 분석 절차의 핵심이라고 할 수 있다. 분석 틀의 예로, Varonis & Gass(1985)는 교실 상황에서의 문제 해결 의미 협상 모형을 크게 문제 발생과 해결의 두 부분으로 나누고 문제 발생 부분은 '촉발시키기(trigger)'로, 해결 부분은 '가리키기(indicator)', '응답하기(response)', '반응하기(reaction)'로 분류했다. 여기서 '촉발시키기'는 화자의 발화나 발음 중 청자가 이해하지 못한 부분을 의미하고 '가리키기'는 청자가 진행되던 대화를 중단시키고 협상을 시작하는 부분을 말한다. '응답하기'는 가리키기에 대한 화자의 반응으로 어떤 방식으로든 이해되지 않은 부분을 인정하는 것이다. 그리고 '반응하기'는 응답하기에 대한 반응으로 협상 과정에서는 선택적인 요소인데 '반응하기'가 추가적인 촉발시키기가 되어 새로운 의미 협상으로 이어질 수도 있다. 이와 같은 하나의 협상 과정은 일련의 의견교환(exchanges)으로 구성되는데 여기서 '의견교환'은 최소한 촉발시키기, 가리키기, 그리고 응답하기로 진행된다.

〈표 1〉 의미 협상 과정의 구조 분석

의미 협상 과정	발화
촉발시키기(trigger: 의사소통 문제를 일으키는 발화)	가: 오른쪽을 보세요.
가리키기(indicator: 의사소통 문제가 생겼음을 나타내는 발화)	나: 네?
응답하기(response: 가리키기의 문제에 대해 설명하려는 발화)	가: 오른쪽에…
반응하기(reaction: 응답에 대해 이해했음을 나타내는 발화)	나: 아, 알겠어요.

분석을 위한 큰 틀이 정해지면 다양한 발화를 잘 다듬어진 분석으로 발전시킬 수 있다. 이는 협상에 관한 선행연구들에서 제시되어 왔는데

'가리키기(indicator)'에서는 명료화 요구, 확인 점검, 재구성하기, 상대 발화 반복 등과 같은 행위들(acts)이 이 단계에서 필요한 역할이나 전략을 수행한다. 그리고 응답하기(response) 단계에는 연구자들이 이해(up-take)라고 언급한 것이 포함되어 있는데 Lyster & Ranta(1997)는 인정하기, 정보 제공, 반복 발화 등으로 분류하였다. 각 단계별 행위에 대한 구체적인 설명은 다음의 표와 같다.

〈표 2〉 가리키기 단계의 확장된 분석 틀

행위	정의	예시
명료화 요구 (clarification request)	• 이전 발화에 대한 설명을 끌어내는 발화	가: 사거리에서 길을 건너세요. 나: *어느 사거리요?*
확인 점검 (confirmation check)	• 발화를 이해했는지, 혹은 정확하게 들었는지를 확인하기 위해서 앞선 화자의 발화에 즉각적으로 반응하는 발화 • 확인하기는 의문문의 형식으로 쓰이며 종종 부가의문문이 수반됨	가: 은행 앞에 있는 사거리예요. 나: *빵집 옆에 있는 은행이요?*
재구성하기 (recast)	• 중심 의미는 유지하면서 하나, 혹은 그 이상의 문장 성분(주어, 동사, 혹은 목적어)을 달리하여 앞선 화자의 발화를 바꾸어 말하는 발화	가: 길을 건너서 앞으로 계속 가면 극장이 있어요. 나: *길을 건너서 똑바로 가면 극장이 있어요.*
상대 발화 반복 (other repetition)	• 어떤 문장 성분도 바꾸지 않고 앞선 화자의 발화를 반복하는 발화 • 반복은 이전 발화와 같은 형태를 취하고 문제를 일으키는 단어에 강조를 할 수도, 하지 않을 수도 있음	가: 극장에서 왼쪽으로 가세요. 나: *극장에서 왼쪽으로 가세요.*

<표 3> 응답하기 단계의 분석 틀

행위	정의	예문
인정하기 (acknow-ledgement)	• 앞선 발화를 정확하게 이해했는지 확인하기 위해 긍정이나 부정으로 응답하는 발화 • 보통 'yes'나 'no'로 이루어짐	나: 왼쪽이요? 가: *네*
정보 제공 (provision of information)	• 제공된 새로운 정보에 대한 설명 요청에 응답하는 발화	나: 네? 가: *극장에서 왼쪽.*
반복 발화 (repetition)	• 설명을 요청한 응답으로 촉발시키기(trigger)의 전체나 일부분을 반복하는 발화	가: 거기에 ○○서점이 있어요. 나: *음… 무슨 서점이요?* 가: ○○서점.

이와 같은 기술적인 분석 틀을 정리하면 다음의 표와 같다.

<표 4> 의미 협상 과정의 전체 분석 틀

의미 협상 과정	행위
촉발시키기(trigger)	
가리키기(indicator)	명료화 요구(clarification request)
	확인 점검(confirmation check)
	재구성하기(recast)
	상대 발화 반복(other repetition)
응답하기(response)	인정하기(acknowledgement)
	정보 제공(provision of information)
	반복 발화(repetition)
반응하기(reaction)	

위의 <표 4>에서 제시한 분석 틀은 아래의 내용을 고려하여 실제 연구에 적용할 수 있다.

첫째, 가능한 한 개발되어 있는 기술적 분석 틀을 활용하되 이 틀이 자료 분석에 적합하지 않을 때는 이를 조정하여 활용해야 한다. 기존의 분석 틀을 활용하면 이를 사용한 선행연구의 분석 결과와 비교할 수 있다는 장점이 있다.

둘째, 분석 틀을 개발할 때는 목록으로 나열하기보다는 상위 범주(협상 과정)와 하위 범주(행위)로 나누어 개발해야 한다.

셋째, 상위 범주와 하위 범주의 각 항목은 층위와 내용에 맞게 정의되어야 한다. 즉, 협상 과정에 해당되는 상위 범주는 행위의 내용을 포괄할 수 있어야 하며 행위에 해당되는 하위 범주는 개별 발화의 특징을 나타낼 수 있어야 한다.

넷째, 분석 틀 안에 있는 범주들은 모든 자료를 설명할 수 있어야 한다. 즉, 협상과 관련된 모든 상호작용은 분석 체계를 바탕으로 기술되어야 한다.

다섯째, 각각의 범주는 서로 배타적으로 기술되어야 하며 어떠한 발화도 분석 틀 안에서 하나 이상의 범주에 속해서는 안 된다.

마지막으로, 개발된 분석 틀은 연구 문제를 검토하는 데에 필요한 범주만을 포함해야 한다.

(4) 자료 수량화하기: 분석 틀을 바탕으로 빈도를 제시한다.

상호작용 분석의 마지막 단계는 자료를 수량화하는 것이다. 위에서 설정한 분석 틀은 자료를 수량화하기 위한 기초를 제공한다. 여기서는 분석 틀 안에서 어느 단계를 수량화할 것인지 결정해야 한다. 이를테면 대화 교환의 빈도, 대화 교환을 구성하는 이동마디의 빈도, 그리고 각 단계를 구성하는 행위의 빈도 등을 제시할 수 있다. 이는 상호작용에서 협상의 크기를 보여줌으로써 의미 협상 과정 중 어느 단계에서 의사소통이 가장 활발하게 이루어졌는지, 각 단계에서 가장 많이 나타나는 의사소통 행위는 무엇인지를 파악할 수 있게 한다. 그러나 모든 연구자들이 수량화를 최고의 방법이라고 여기는 것은 아니다. 여러 연구자들이 상호작용 과정에서 나타난 주요 특징을 기술하고 자료에서 표본 발화를 제시하여 질적으로 기술하는 것을 선호한다.

4) 분석 결과 해석

분석 결과에 대한 해석은 상호작용 과정에서 발견된 주요 특징을 분석 틀에 따라 기술하고 전사한 자료에서 예시 발화를 추출하여 제시하면 된다. 그리고 그 분석을 통해 발견할 수 있는 추론적인 결과를 연구 목적에 맞게 해석하여 기술한다. 이때 의미 협상 과정을 단계별로 수량화하여 제시할 수 있다. 예를 들어, 홍종명(2009)은 고급 수준의 한국어 학습자를 대상으로 한 5회의 토론 수업에서 발생한 의미 협상 과정을 분석했다. 이 연구에서는 Varonis & Gass(1985)에서 제시한 의미 협상 과정 중 '문제 발생 표지(indicator)' 단계에 초점을 맞추어 수업 과정에서 나타난 해당 표지의 유형과 빈도를 살펴보았다.

이 연구에서 문제 발생 표지는 수업 참가자의 역할에 따라 크게 교사 주도의 문제 발생 표지와 학생 주도의 문제 발생 표지로 나누었다. 그리고 학생 주도의 문제 발생 표지는 학습자들이 의사소통 과정에서 목표어인 한국어 지식과 구사 능력이 부족하여 나타나는 의사소통 전략으로 보고 그 유형을 Dörnyei & Scott(1997)에서 제시한 의사소통 전략들을 재구성하여 사용했다. 교사 주도의 문제 발생 표지는 학생들의 부정확한 발화에 대해 교사가 제공하는 수정적 피드백의 하나로 일반적인 의사소통 상황에서는 발견하기 어려운 교실 상황에서만의 특징으로 보았다.

〈표 5〉 의미 협상과 문제 발생표지 빈도수(홍종명, 2009:351)

	수업 1	수업 2	수업 3	수업 4	수업 5	전체
의미 협상 빈도수	12	11	15	9	12	59
학생 주도 문제 발생 표지	7	9	11	5	8	40
교사 주도 문제 발생 표지	5	2	4	4	4	19

결과 해석을 위해 이 연구에서는 위의 표와 같이 5회의 수업 과정에서 얼마나 많은 문제 발생 표지가 나타났는지를 수량화하여 제시했다. 아울러 다음의 표[1]와 같이 학생 주도의 문제 발생 표지는 '코드 전환을 통한 도움 요청하기', '자기 발화 점검', '에둘러 표현하기', '말 흐리기', 기타 등의 다섯 가지로 분류하고, 교사 주도의 문제 발생 표지는 '수정 시도하기', '명료화 요구', 기타 등 세 가지로 분류한 뒤 각 유형의 빈도수를 제시했다. 그리고 유형별로 해당 표지의 특징을 설명하고 각 표지가 사용된 상황과 발화 예시를 제시하며 그러한 표지가 사용된 이유를 해석하여 기술하였다.

〈표 6〉 문제 발생 표지의 유형과 빈도수

수업 참가자	문제 발생 표지 유형	빈도수
학생 주도 문제 발생 표지	코드 전환을 통한 도움 요청하기 (appeal for help with code switching)	19
	자기 발화 점검(own accuracy check)	11
	에둘러 표현하기(circumlocution)	4
	말 흐리기(trailing off)	3
	기타	3

---

1 이 표는 홍종명(2009)의 <표3>과 <표4>를 하나로 재구성한 것이다.

교사 주도 문제 발생 표지	수정 시도하기(correction & recast)	14
	명료화 요구(clarification request)	4
	기타	1

2. 한국어교육의 상호작용 분석 연구 경향

외국어 학습(L2)에 있어서 외국어 학습자의 최종 목표는 타인과의 의사소통이며, 이는 학습의 목적이 어떠하든 상호작용을 통해 그 목표에 도달할 수 있다. 이때 수업 현장에서 주어진 과제를 해결하기 위해 이뤄지는 의사소통과 더불어 학습자의 발화 및 이에 대해 주의를 주는 교사의 발화, 교사와 학습자 간에 친근감을 형성하기 위한 대화, 과제와 직접 관련이 없는 학습자 간의 대화까지를 모두 상호작용으로 볼 수 있다. 상호작용 분석은 제2언어 학습 환경에서 교육적, 자연적 상황 모두에서 제2언어 학습자를 포함한 담화(학습자와 교사, 학습자 간, 원어민과 학습자)를 기술하기 위해 사용되어 왔다.

한국어교육 분야에서 상호작용 분석과 관련된 연구는 크게 상호작용의 주체에 따른 범주와 상호작용의 양상에 따른 범주로 나누어 살펴 볼 수 있다. 상호작용의 주체에 따른 범주는 다시 학습자와 교사와의 상호작용, 학습자와 원어민과의 상호작용, 학습자 간의 상호작용으로 구분할 수 있고, 상호작용 양상에 따른 범주는 의미 협상, 의사소통 전략, 오류 처치 등으로 구분할 수 있다.

1) 상호작용의 주체에 따른 연구

상호작용은 서로 상호작용을 하는 그 주체에 따라 학습자와 교사, 학습자와 원어민, 학습자와 학습자 사이의 상호작용으로 나눌 수 있다.

학습자와 교사의 상호작용은 대부분 교실상황에서 이루어지고 교실 밖의 원어민과의 상호작용에 비해 그 목적이 뚜렷하게 드러나며, 교사의 통제 하에 수행된다는 특징이 있다. 학습자와 교사 간의 상호작용에 대한 연구는 교사의 역할(교사의 발화 및 피드백)에 관한 연구, 교실 상황의 수업 대화에서 학습자의 반응에 대한 연구, 한국어 교실에서 학습자와 교사 사이의 의사소통 문제 유형 분석 등이 있다. 그중 교사 발화에 관한 연구가 주를 이루는데, 교사 발화에만 초점을 맞추지는 않고 학습자, 학습 내용, 학습 단계, 교실 환경 등 다양한 변인들이 고려되었다. 교실상황에서의 교사와 학습자 간의 상호작용은 자칫 교사 중심의 학습을 조장하여 일방적인 주입식 교육만을 강조함으로써 상호작용이 일어나기 힘들다는 주장도 있다. 그러나 진제희(2002)는 교사의 전략적인 대화주도와 적절한 피드백을 통해 목표어 실력이 부족한 학습자에게 발화를 시작하고 지속해 나갈 수 있는 스캐폴드(scaffold)를 제공함으로써 교사와 학습자 상호 간 적절한 의사소통을 이끌 수 있다는 주장도 있음을 강조하며, 교사의 역할을 부각시켰다. 또한 교사 발화의 양상에 대하여 교실 상호작용에서 교사의 피드백 대화이동의 화행 유형을 정리하고(한상미, 2001a), 교사와 학습자 간의 상호작용에서 일어나는 유도 발화의 기능을 분석하여(한상미, 2001b) 교사 피드백 유형에 대한 유용한 정보를 제공하는 연구들이 있다. 박선옥(2003)에서도 한국어 교실에서 학습자 참여와 반응을 유도하는 교사의 질문을 대상으로 실제 담화를 분석하여 교사의 질문의 유형과 기능을 살펴보았다.

교사의 수정적 피드백과 학습자 반응과의 관련성을 의사소통적 관점에서 고찰한 진제희(2005)는 단순한 수정적 피드백의 문제점을 지적하고 암묵적 피드백으로 분류된 유도나 반복 피드백이 효과적일 수 있음을 보여주었다. 김재욱(2007)은 교사 발화의 문제점과 원인을 분석하여 앞선 연구들에서 언급된 문제점들이 실제 한국어 교실에서 개선되지 않은 채 진행되고 있음을 지적하며 이를 해결하기 위한 교사 교육의 필요성을 강조했다.

  교실 상황의 수업 대화에서 학습자의 반응에 대한 연구 중 박기선(2012)은 교실 내 상호작용에서 학습자의 침묵 반응으로 인해 문제가 발생하는 것에 초점을 두고 학습자가 침묵하는 요인은 교사의 발화 내용 및 수업 운용 방식과 어느 정도 관련성이 있다는 것을 밝혀내며 한국어 교실의 수업 대화 개선을 위한 구체적이고 실천적인 방안에 대한 연구가 필요함을 시사했다. 최은정·김영주(2011)에서는 학습자의 오류 유형에 따라 교사가 제공하는 수정적 피드백이 달라지는지, 교사의 수정적 피드백에 대한 학습자의 반응은 어떤지를 분석했다. 그 결과, 교사는 오류 유형과 관계없이 고쳐 말하기를 선호하여 모든 오류 유형에서 고쳐 말하기를 가장 높은 빈도로 제공하고 있음을 확인하였다. 또 교사의 피드백에 따른 학습자의 반응은 오류 유형에 따라 유의미한 차이를 발견하지 못했으나, 고쳐 말하기 유형의 피드백은 학습자의 높은 수정 성공률을 보였고 형태 협상 유형의 피드백은 높은 학습자 반응과 창의적 수정을 이끌어냈다는 결론을 도출하였다.

  학습자와 원어민 간의 상호작용 연구는 주로 한국어 모어화자가 한국어 학습자를 인터뷰하는 과정에서 나타나는 담화를 분석하는 연구가 주를 이룬다. 노미연(2013)은 한국어 고급 학습자의 인터뷰 평가 담화를 분석하여 응결 장치 사용을 통한 담화의 응집성을 고찰하였으며, 김현진(2015)은 한국인 모어 화자와 한국어 학습자와의 인터뷰를 분석하여 모국어 화자와 한국어 학습자의 대화에서 한국어 학습자의 수준별로 반복의 양상과 기능에 어떠한 차이가 있는지에 대한 고찰을 통해 제2언어 학습자가 한국어를 배우는 과정에서 수준별 구어 의사소통 숙달 과정과 학습자의 중간 언어 성격을 파악하였다. 또한 실제 대화 상황에서 한국어 모어 화자와의 성공적인 의미 협상을 위해 수준별로 어떠한 전략들을 사용하는지 밝혀냈다. 학습자 간의 상호작용 연구로 박해연(2008)은 한국어 말하기 교실 상황에서 학습자 간의 언어 상호작용이 어떻게 이루어지고 있으며, 언어 상호작용 효과를 촉진할 수 있는 방법을 고찰하고자 실제 과제 활동을 중심으로 학습자 간의 언어 상호작용을 분석하였다. 이를 통해 다양한 언어 상호작용 전략을 사용하고 있음을 보여줌으로 구체적인 말하기 교수·학습 방안에 대한 연구의 필요성을 제안하였다. 안주호(2012a)는 한국어 학습자의 구어 말뭉치를 중심으로 한국어 학습자 간 상호적 의사소통 전략을 분석하여 성공적인 의사소통을 위한 전략을 강조하였다. 황선영·하지혜(2017)는 세 명의 한국어 고급 학습자들의 일상 대화를 분석하여 그들의 일상 대화에 나타나는 순서 교대 양상을 살펴봄으로써 한국어교육 현장에서 학습자의 상호작용 전략 중 끼어들기나 반응하기 전략 등의 교수가 필요함을 부각시켰다.

2) 상호작용의 양상에 따른 연구

제2언어 습득 과정에서 학습자들은 상대방과 의미 협상을 하거나 자신만의 의사소통 전략을 사용하거나 의사소통 상의 오류 처치를 통해 원활한 의사소통을 도모한다. 이러한 의미 협상, 의사소통 전략, 오류 처치 등을 통해 상호작용 양상을 살펴 볼 수 있다(Ellis & Barkhuizen, 2005).

실제 언어 학습 상황에서 학습자들의 부족한 언어 능력으로 인해 의사소통 상의 문제가 발생했을 때 교사와 학습자는 모두 각자의 방법으로 그 문제를 해결하기 위해 참여하는데, 이러한 과정을 '의미 협상'이라고 말한다. 이러한 의미 협상은 제2언어 습득 과정에서 중요한 역할을 한다. 진제희(2004)는 한국어 교실 내 교사-학습자 간의 협상이 일어나기 전, 이러한 협상을 일어나게 만드는 요인인 '문제 발생 상황'에 초점을 맞추어 실제 한국어 교실 수업의 대화를 분석하여 교실 상황에서 나타난 문제의 종류를 분석하였다. 문제 발생 유형은 크게 대화 회피, 메시지 전달 실패, 추가 정보 요청 등 세 가지로 구분되었고, 각 유형별로 살펴본 문제의 종류는 학습자 침묵, 엉뚱한 대답, 부정확한 문장 발화, 미완성 문장, 모국어 사용 대답, 교사 유도 발화 반복, 어말 억양의 오름조, 재설명, 요청 명료화 요구, 암묵적 짧은 표현, 부분 반복, 이해를 못했음을 나타내는 명시적 표현 등 12가지로 분류하였다. 홍종명(2008)은 교실에서 실제 일어나는 의미 협상을 질적인 방법을 통해 분석하여 의미 협상의 실제 모습을 밝히고자 의미 협상의 네 가지 단계 중 문제 발생과 표지 단계를 조사하여 이들의 유형을 제시하였다. 그 밖에 학습자 사이에 나타나는 의미 협상에 대한 연구로는 장미정(2010)과 구자혜(2011)가 있으며, 학습자 모어 배경이 학습자 간의 의미 협상에 미치는 영향에 대한 연구(이선우, 2004) 등이 있다.

의사소통 전략은 언어 수행상의 변인이나 불완전한 언어 능력으로 인해 의사소통이 중단되는 경우 이를 보완하기 위해 사용하는 언어적, 비언어적 전략이다(Canale & Swan, 1980). 안주호(2012b)는 학습자 간 대화를 대상으로 학습자의 구어 사용에서의 의사소통 전략을 탐색하였다. 의사소통 중단의 원인을 크게 언어자원의 결함, 자기 발화상의 문제, 대화상대자의 발화 상의 문제로 나누었다. 그리고 각 의사소통 중단의 원인을 다시 세부적으로 언어자원의 결함은 '직접적/간접적 도움 요청'으로, 자기 발화상의 문제는 '이해 확인, 스스로 정확성 확인하기'로, 대화 상대자의 발화 상의 문제는 '요청, 추측, 반응'으로 나누어 제시하였다. 이어 안주호(2013)는 외국어 학습자가 부족한 언어자원의 문제를 극복하기 위해 사용하는 전략의 하나로 목표어를 자신의 모국어로 바꾸는 코드 전환에 주목하였다. 이러한 코드 전환은 외국어 학습에 있어서 목표어를 극복할 수 있는 의사소통 전략으로 간주되어 왔으나, 동일한 모국어 화자끼리도 다른 이유로 목표어에서 모국어 혹은 공동 사용이 가능한 언어로 코드 전환을 하는 경우가 많이 나타나는 것에 대해서 그 요인을 밝히고자 하였다. 그 결과 인지언어학적 요인으로 한국어의 적절한 어휘를 찾지 못한 경우, 담화·화용적 요인으로 담화 참여자의 의사소통을 쉽게 원활하게 하기 위해 화자가 적극적으로 요청하는 경우, 내용을 강조하기 위한 경우, 그리고 내용을 확인하는 경우에서 코드 전환이 이루어진다고 밝혔다.

　외국어를 배우는 학습자들이 생산한 오류를 판정하고 해당 오류를 교육적으로 처치하는 것에 대한 연구들은 대부분 오류 분석과 오류 평가에 대한 논의들이다. 한국어교육에서는 한국어 교실 내 교사 피드백의 유형, 피드백 유형에 따른 학습자의 반응(한상미,2001b; 진제희,2005)이나 특정 오류 처치 유형의 교육적 효과에 대한 연구(임수진, 2008)가 대부분이며, 오류 처치 방식에 관한 교사와 학습자들의 인식을 조사한 연구(김창구, 2011)도 있다. 이는 앞서 언급한 상호작용의 주체에 따른 범주 즉, 학습자와 교사, 학습자와 원어민, 학습자와 학습자 사이에서의 상호적 오류 수정과 그 맥락을 함께 한다.

3. 상호작용 분석 방법의 실제

여기에서는 앞서 살펴본 상호작용 분석 연구 중에서 한 편을 자세히 살펴보도록 하겠다.

> 진제희(2006). 『외국인을 위한 한국어 수업 대화 분석』, 서울: 커뮤니케이션북스.

진제희(2006)[2]에서는 여러 상호작용 분석 방법 중 Ellis & Barkhuizen(2005)에서 제시한 문제 해결 의미 협상 분석 방법의 실제를 볼 수 있다. 이 연구에서는 한국어 교실에서 일어나는 교사와 학습자 간의 상호작용 중 문제 해결 의미 협상 과정에 초점을 맞추어 분석하였다.

1) 분석 대상

이 연구에서는 서울 소재 대학 부설 한국어교육 기관의 정규반 수업 중 초·중·고급반 각 2개의 반에서 1, 2교시 수업을 녹화하여 전사하였다. 1, 2교시는 주로 어휘와 문법을 제시하는 수업이었으며 카메라를 교실 앞, 뒤에 설치하여 대화뿐만 아니라 비디오로 관찰할 수 있는 몸짓 등도 전사에 반영하였다. 녹화된 수업은 전체 6개 교실에서 각 100분씩, 총 600분이었다.

---

2 진제희(2006)는 박사학위 논문인 진제희(2004)를 수정·보완하여 출판한 것으로 교사와 학습자 간의 의미 협상 양상과 그 결과를 통해 확인할 수 있는 수업 대화의 불균형성을 제시하고 있으나 여기에서는 상호작용 분석 방법의 실제 사례를 살펴보고자 하므로 의미 협상 부분만을 다루기로 한다.

2) 분석 방법

(1) 조사 목적 정의하기: 연구 문제와 그 범위를 설정한다.

이 연구에서는 한국어 교실에서 일어나는 교사-학습자 간 구두 상호작용 중에서 문제 발생 시에 나타나는 교사-학습자 간 의미 협상의 과정과 구조에 초점을 맞추었다. 그리고 교실 의사소통에서 어떤 문제가 발생하고 그 문제의 원인은 무엇인지, 또한 문제가 발생했을 때 어떠한 문제 표지들이 나타나고, 이어지는 의미 협상의 양상은 어떠한지를 살펴보았다.

(2) 장애 발화 확인하기: 자료에서 조사 목적에 속하는 사례를 확인한다.

이 연구에서는 대화 중 문제가 발생했을 때 나타날 수 있는 상황으로 문제가 발생하자마자 그에 대한 반응을 하는 경우, 문제가 발생했다는 것을 알지만 묵인하는 경우, 문제가 발생했을 때 그에 대한 반응을 미루는 경우, 대화 참여자들이 문제가 발생한 것을 모르고 지나치는 경우 등의 네 가지를 제시하면서 상호작용에 문제가 발생하면 그 순간부터 그때까지 진행되었던 대화의 흐름이 멈춘다는 점을 지적했다. 그리고 이처럼 대화가 더 이상 진행되지 않고 대화 내용의 진행이 보류되는 상황을 문제 발생 상황으로 정의했다.

(3) 분석 틀 설정하기: 기술하기 위한 체계적인 분석 틀을 설정한다.

분석을 위해 교사와 학습자 간의 전체적인 의미 협상의 단계는 Varonis & Gass(1985)의 모형과 동일하게 '문제 발생 → 문제 표지 → 협상 진행 → 협상 종료(혹은 미종료)'로 나누었다. 그리고 협상이 구체적으로 진행되는 '문제 발생'과 '문제 표지' 단계에서 나타나는 의미 협상 행위를 세분하여 제시하였다.

우선 협상이 시작되는 '문제 발생' 단계는 크게 대화 회피, 메시지 전달 실패, 추가 정보 요청의 세 가지로 분류했다. 그리고 각각의 상위 범주에 속하는 세부 행위들을 제시했는데 이를 정리하면 다음의 표와 같다.

〈표 6〉 문제 발생 단계의 분석 틀(진제희(2006:78-87)의 내용을 재구성함)

행위		정의
대화 회피	학습자 침묵	학습자가 대화 중 교사의 질문 등 유도 발화에 대한 적절한 응답이 없이 침묵하는 경우
	엉뚱한 대답	앞선 대화자의 질문에 적절하지 않은 대답을 하여 대화가 더 나아가지 못하는 경우
메시지 전달 실패	부정확한 문장 발화	음운, 형태, 통사적인 오류가 발생한 경우
	미완성 문장	한국어 능력 부족으로 완전한 문장을 만들어 내지 못하는 경우
	모국어 사용 대답	교사의 질문에 학습자가 자신의 제1언어로 대답하는 경우
	교사 유도 발화 반복	교사 질문에 대한 대답으로 그 질문을 그대로 반복하는 경우
	어말 억양의 오름조	말하고자 하는 의미를 적절한 형식으로 완벽하게 표현해 내지 못하거나 적당한 어휘를 생각해 낼 수 없어 어말 억양을 높이는 경우
추가 정보 요청	재설명 요청	교사의 메타 언어적 설명 이후 그 설명을 이해하지 못하고 다시 설명해줄 것을 요청하는 경우
	명료화 요구	교사의 유도 발화 중 모르는 어휘에 대한 의미적, 형태적 정보를 더 얻고자 하는 경우
	암묵적인 짧은 표현	학습자가 교사 발화를 이해하지 못했음을 나타내는 짧은 반문 표현(음?)을 사용하는 경우
	부분 반복	교사의 유도 발화 중 문법적 내용을 이해하지 못해 학습자가 특히 그 문법과 관련된 부분을 반복하는 경우
	이해를 못했음을 나타내는 명시적인 표현	앞선 질문 발화를 이해하지 못해 '모른다', '잊어버렸다' 등으로 응답하는 경우

의미 협상이 시작되는 '문제 표지' 단계는 '대화 중 문제가 발생했을 때 상대방 화자에게 문제가 있음을 알려주는 신호로 화자의 발화가 대화 상대방에게 받아들여지지 않았음을 알리기 위한 정보'라고 정의하고 문제 발생 상황에 따라 다음과 같이 세분했다.

〈표 7〉 문제 표지 단계의 분석 틀(진제희(2006:110-128)의 내용을 재구성함)

행위		정의
학습자 침묵	부분 반복	교사가 자신의 이전 유도 발화 가운데 중심이 되는 어휘나 표현을 반복함으로써 피드백을 제공하는 경우
	학습 확인	이전에 학습한 내용임을 알리는 경우
엉뚱한 대답	반론 제시	반론을 제시함으로써 학습자 발화의 문제를 표시하는 경우
부정확한 문장 발화	바로잡기	교사가 학습자의 오류를 바로잡는 경우
	이해 점검	학습자가 발화를 이해하는지 확인하는 경우
	확인 점검	학습자 발화를 그대로 반복하여 질문하는 경우
	명료화 요구	발화를 이해하기 위해 더 많은 정보를 요구하는 경우
	고쳐 말하기	학습자 발화를 수정하여 말하거나 되묻는 경우
	부분 반복	문제가 되는 부분에 대해 학습자 스스로 수정할 수 있도록 단서를 제공하는 경우
	암묵적인 짧은 표현	'음?', '어?' 등의 표현으로 답하는 경우
	침묵	침묵을 통해 학습자 스스로 수정하도록 하는 경우
미완성 문장	문장 완성 요구	문장을 끝까지 말할 것을 요구하는 경우
모국어 사용 대답	고쳐 말하기	학습자의 대답을 한국어로 고쳐서 답하는 경우

교사 유도 발화 반복	옳은 대답 요구	지시적 표현을 사용하여 학습자 발화에 문제가 있음을 지적하고 옳은 대답을 하도록 요구하는 경우
어말 억양의 오름조	부분 반복	학습자 발화 가운데 의미나 형태에서 중심이 될 만한 말을 뽑아내어 그 부분을 반복하는 경우

(4) 자료 수량화하기: 분석 틀을 바탕으로 빈도를 제시한다.

이 연구에서는 의미 협상의 각 단계별 빈도수가 아닌 교실 상황에서 나타난 학급별 의미 협상의 빈도와 협상 진행 단계에 따른 문제 해결 의미 협상 구조 연속체별 빈도수를 수량화하여 제시하였다. 이를 통해 의미 협상이 가장 많이 발생하는 학급과 교실 상황에서 가장 많이 나타나는 의미 협상 구조를 파악하고자 하였다.

〈표 8〉급별 문제 해결 의미 협상 교환 빈도수(진제희, 2006:135)

급수	자료 이름	문제 해결 의미 협상 교환 빈도수	합계	총합계
초급	초-1(1),(2)	47	69	165
	초-2(1),(2)	22		
중급	중-1(1),(2)	22	50	
	중-2(1),(2)	28		
고급	고-1(1),(2)	17	46	
	고-2(1),(2)	29		

3) 분석 결과 해석

교실 상황에서 나타난 교사와 학습자 간의 문제 해결 의미 협상의 양상을 분석한 이 연구에서는 분석의 결과로 협상의 빈도, 문제 해결 의미 협상 교환 연속체, 그리고 그 연속체의 빈도를 제시했다.

협상의 빈도는 초급 69회, 중급 50회, 고급 46회로 총 165회였으며 전반적으로 협상 유형이 다양하거나 협상 과정이 충분하지 못한 것으로 나타났다. 그리고 교실 상황에서 특징적으로 나타난 문제 해결 의미 협상의 교환 연속체를 10가지로 선별하여 의미 협상의 양상을 소개했는데 전체적인 기본 골격 구조는 전통적인 교실 대화의 개념으로 간주되는 'I-R-F'였다[3]. 즉, 학습자 응답 순서에서 문제가 발생했을 때 교사가 학습자 오류를 수정하고 학습자가 교사의 수정을 반복함으로써 교환 구조가 끝나는 유형이 가장 많았다. 그리고 교사가 학습자 오류를 수정하면서 전체 교실 연습으로 확장하거나 교사 스스로 자신의 유도 발화에 대답하거나 교사가 형태 위주의 피드백만을 제공하거나 학습자가 교사의 피드백을 그대로 발화하는 등의 대화 구조가 다수를 차지하고 있었다.

문제 해결 의미 협상 과정에서 IRF 구조의 상호작용이 많았다는 것은 수업 중 교사-학습자 간 상호 이해와 협상이 제대로 이루어지지 않았음을 의미하는데, 이 연구에서는 그 이유로 학습자와의 상호작용에서 형태 수정에 중점을 두고 협상을 진행시켜 나가는 교사의 태도, 대화 내용이 이미 배운 문법 및 어휘 내용을 확인하는 것이라는 교실 대화의 성격, 주어진 시간 내에 많은 양을 가르쳐야 하는 제한된 수업 시간 등을 들었다. 그리고 일부의 상호작용에서 학습자가 적극적으로 발화를 도입하거

---

3 IRF는 교사 시작(teacher Initiation), 학생 응답(student Response), 교사 피드백(teacher Feedback)의 세 부분으로 구성되는 교실 대화 구조를 말하는데 IRF에서 F대신 E(teacher Evaluation)를 사용하여 IRE라고도 쓰인다. 이는 Sinclair & Coulthard(1975)에서 처음 제안한 것으로 Sinclair & Coulthard는 모국어 교실 대화를 분석하여 교사와 학습자 간의 상호작용에는 1) 연속적인 질문-대답, 2) 교사의 질문에 대한 학생의 응답, 3) 교사의 설명을 듣는 학생 등 세 가지의 기본 대화 구조가 있음을 밝히고 교실 담화를 이해하기 위한 계층 모형(hierarchical model)을 제시했다(Walsh, 2011:17-18).

나 '협상 시작 및 진행' 단계에 교사와 함께 협상 과정에 참여하여 협상이 이어지게 하는 시도가 있었음을 언급하며 전통적인 교실 대화의 틀을 깰 수 있는 가능성도 볼 수 있었다고 해석했다.

4) 연구의 의의와 한계

이 연구는 교실 상황에서 나타나는 교사와 학습자 간의 문제 해결 의미 협상 과정을 초·중·고급 수업을 대상으로 매우 체계적이고 상세하게 분석했다는 데에 의의가 있다. 그러나 분석 틀을 설정함에 있어 상위 범주가 하위 범주의 행위를 모두 아우를 수 있는 표현으로 명명되지는 않았다는 점에서 아쉬움이 있다. 예를 들어 상위 범주인 '메시지 전달 실패'를 '메시지를 전달하는 상황에서 문제가 발생한 경우'로 정의하면서 '미완성 문장', '어말 억양의 오름조'를 포함시켰는데 구어 발화의 특징을 고려할 때 문장이 문법적으로 완결되지 않았다는 이유로 '실패'라고 보기보다는 다른 범주로 제시할 수 있을 것으로 생각된다.

참고문헌

구자혜(2011).「대화 상대자 간 숙달도 차이에 따른 한국어 학습자의 의미 협상 양상 연구」, 이화여자대학교 대학원 석사학위 논문.
김재욱(2007).「한국어 수업에서의 교사 발화 연구」,『이중언어학』34, 24-47.
김창구(2011).「구어 오류 처치에 대한 한국어교사와 학습자의 인식 조사」,『동북아 문화연구』27, 61-81.
김현진(2015).「한국어 초급, 중급, 고급 학습자의 담화 반복 표현 연구」,『한국어 의미학』48, 115-144.
노미연(2013).「한국어 고급 학습자의 응결 장치 사용 연구」,『한국어문학연구』60, 273-308.
박기선(2012).「한국어 교실의 수업 대화 분석-학습자의 침묵 반응 요인을 중심으로」,『한국어교육』23, 23-53.
박선옥(2003).「한국어 교사의 질문 유형과 기능에 대한 연구: 외국인에게 한국어를 교육하는 교사의 발화를 중심으로」,『화법연구』5, 371-399.
박해연(2008).「한국어 말하기 교수, 학습에서 학습자-학습자 간 언어 상호작용 연구: 중국대학교 학습자를 대상으로」,『국어교육연구』21, 195-222.
서울대학교 국어교육연구소 편(2014).『한국어교육학 사전』, 서울: 도서출판 하우.
안주호(2012a).「비상호적 의사소통 전략 연구 –한국어 학습자 간(間) 구어 담화를 중심으로」,『한국어교육』23-4, 203-232.
안주호(2012b).「한국어 학습자 간 상호적 의사소통 전략 연구」,『언어과학연구』63, 171-190.
안주호(2013).「한국어 학습자 담화에서의 반복현상 연구」,『우리말글』58, 189-215.
이동은(2000).「토론의 상호작용사회언어학적 연구: 갈등과 그 운용을 중심으로」, 서울대학교 대학원 박사학위 논문.
이선우(2004).「한국어 학습자 간 의미 협상 양상 연구: 중급 학습자를 중심으로」, 이화여자대학교 대학원 석사학위 논문.

임수진(2008).「오류 고쳐 되말하기가 한국어 학습자의 형태 습득에 미치는 영향」,『응용언어학』24-1, 271-292.

장미정(2010).「수준별 짝 구성에 따른 의미 협상 양상 연구」, 고려대학교 대학원 석사학위 논문.

진제희(2002).「교실 상호작용에서 나타난 교사의 역할」,『한국어교육』13-1, 243-264.

진제희(2004).「한국어 교실 구두 상호작용에 나타난 문제 해결을 위한 의미 협상」, 연세대학교 대학원 박사학위 논문.

진제희(2005).「한국어 수업에 나타난 교사의 수정적 피드백과 학습자 반응 연구」,『이중언어학』28, 371-390.

진제희(2006).『외국인을 위한 한국어 수업 대화 분석』, 서울: 커뮤니케이션북스.

최은정, 김영주(2011).「한국어 초급 교실에서의 교사의 수정적 피드백과 학습자 반응」,『응용언어학』27-1, 107-129.

한상미(2001a).「외국어로서의 한국어교육에서 교사말 연구-유도 발화 범주의 교사말 유형을 중심으로」,『한국어교육』12-2, 223-253.

한상미(2001b).「한국어 교실에서 나타난 교사의 피드백 유형 연구」,『한국어교육』25-1, 453-505.

홍종명(2008).「의미 협상 과정에서 학습자들의 문제 발생과 표지 유형에 관한 연구」,『한국어교육』19-2, 1-25.

홍종명(2009).「한국어 수업 의미 협상 과정에서 나타난 문제 발생 표지 연구」,『언어와 문화』5-3, 345-362.

황선영, 하지혜(2017).「한국어 고급 학습자 대상 일상 대화에서의 순서 교대 양상 연구」,『우리말글』73, 221-246.

Canale, M. & M. Swain(1980). Theoretical bases of communicative approaches to second language testing, *Applied Linguistics* 1(1), 1-47.

Dörnyei, Z., & Scott, M. L. (1997). Communication Strategies in a Second Language: Definitions and Taxonomies. *Language Learning*, 47(1),

173-210.

Long, M. H.(1983). Native speaker/non-native speaker conversation and the negotiation of comprehensible input, *Applied Linguistics* 4(2), 126-141.

Lyster, R. & L. Ranta(1997). Corrective feedback and learner uptaker: Negotiation of form in communicative classroom, *Studies in Second Language Acquisition* 19(1), 37-66.

Nunan, D., & David, N.(1992). *Research methods in language learning*, Cambridge University Press.(안미란·이정민 역(2009), 외국어 학습 연구 방법론, 서울: 한국문화사).

Rod Ellis & Gary Barkhuizen(2005). *Analysing Learner Language,* Oxford University Press.

Rulon, K., & McCreary, J. (1986). Negotiation of content: Teacher-fronted and small-group interaction. *Talking to learn: Conversation in second language acquisition*, 182-199.

Sinclair, J. M., & Coulthard, M. (1975). *Towards an analysis of discourse: The English used by teachers and pupils.* Oxford University Press.

Varonis, E. & S. Gass(1985). Non-native/non-native conversation: a model for negotiation of meaning, *Applied Linguistics* 6(1), 71-90.

Walsh, S.(2011). *Exploring classroom discourse: Language in action*, Routledge.

**제8장
대화 분석
(Conversation Analysis)**

1. 대화 분석 방법 및 분석 절차

1) 분석의 목적

대화 분석이란 특정 공동체 구성원 간에 발생한 실제 대화를 분석함으로써 구성원들이 공유하고 있는 사회의 규범이나 문화적 특성 등을 분석하는데 목적이 있다. 대화의 구조란 인간의 사회성이 특정한 질서와 정교한 규칙 하에 표출된 것이다. 따라서 대화 참여자들이 이를 인지하고 있지 못한다고 하더라도 한 사회의 구성원으로 살아가고 있는 대화 참여자들의 대화 속에는 고도로 조직화된 사회적 관행이나 관습 등이 내제되어 있을 수밖에 없다. 그러므로 대화 분석을 통하여 겉으로 잘 드러나지는 않지만 오랜 시간 누적되고 습득된 사회적 그리고 문화적인 규범, 의식, 규칙, 합의된 정서 등이 현실에서 어떠한 형태로 발현되는지를 파악할 수 있다.

2) 분석 자료

대화 분석을 수행하기에 앞서 연구자는 대화 참여자의 관점에서 대화를 이해하려는 자세를 가져야 한다. 또한 개인적인 편견이나 선입견은 최대한 배제하여야 한다. 결과물을 분석하기도 전에 선행 연구 등을 바탕으로 연구자가 고정시켜 둔 분석 관점이나 미리 체계화 시켜 놓은 담화적 맥락하에서 대화를 분석하는 것은 대화 분석이 지향하는 분석 방법이 아니다.

다음으로 대화 분석의 자료는 최대한 자연스러우며 인위적이지 않은 환경에서 이루어진 실제 대화여야 한다. 다각적이고 정확한 분석이 가능하도록 녹화와 녹음을 동시에 수행하는 것이 유용하다.

대화 분석의 주요 분석 대상은 말차례(turn taking), 연속체 구조(sequence organization), 수정(repair)의 세 가지이다.

(1) 말차례(turn taking)

말차례는 발화 순서를 구성하는 요소(turn-constructional component)와 발화 순서를 할당하는 요소인 말차례 배분 규칙 요소(turn-allocated component)로 구분할 수 있다.

발화 순서를 구성하는 요소란 발화 순서의 교체가 이루어지는 기본적 단위인 '발화 순서 교대단위(Turn Constructional Units, TCUs)'를 의미한다. TCU는 어휘, 구, 절, 문장 등으로서 청자는 TCU를 통해 현재 의사소통 중인 상대 화자 발화의 끝점(completion point)을 결정하게 된다. TCU가 종결되는 지점이 곧 청자 발화의 시작점이자 대화의 교체 적합 지점(Transition Relevance Places, TRPs)이 된다. TRP는 이후 Ford &

Thompson(1996)의 통사적 단위, 억양 단위, 화용적 완결점까지 고려해야 한다는 주장에 따라 복합적 교체 적정 지점(Complex Transition Relevance Place, CTRP)이라는 개념으로 발전되었다(구현정, 2008).

말차례 교환은 말차례 배분 규칙(turn-allocated rule)에 의해 수행된다. 말차례 배분 규칙은 처음부터 미리 정해져 있거나 특정 화자에 의해 임의적으로 결정되는 것이 아니라 말차례마다 대화 참여자들 간의 자연스러운 상호작용에 의해 이루어진다(Sacks, Schegloff & Jefferson, 1974). 말차례의 배분 규칙은 세 가지이다.

① 첫 번째 발화 교체 적합 지점(TCU)에서 현재의 화자가 다음 화자를 선택한다.
② 첫 번째 화자가 TCU에서 다음 화자를 지정하지 않을 경우 다른 대화 참여자들 중 한 명이 스스로 발화한다.
③ ①, ②의 어떤 상황도 발생하지 않을 경우 첫 번째 화자가 다시 발화한다.

(2) 연속체 구조(sequence organization)

대화의 발화는 상호 연관성을 갖고 이루어지는데 이러한 연속된 구조의 규칙 체계를 연속체 구조라고 한다. 연속체 구조의 기본적인 단위를 인접쌍(adjacency pair)이라고 한다. 대화 분석에서는 인접쌍을 의사소통의 최소 단위로 긴주한다.

인접쌍이란 서로 다른 화자들이 대화를 주고받을 때 첫 번째 대화와 두 번째 대화 간의 유형화된 '대화 짝'을 의미한다. 대화 짝은 그 사회 구성원 간에 합의된 일종의 대화 규범이라고도 할 수 있다. 실제 대화에서는 인접쌍으로 구분된 첫 번째 짝 부분이 출현하게 되면 뒤이어 짝을 이룬 두 번째 대화가 출현하게 되어 있다. 예를 들면 첫 번째 대화에서 인사가 출현하면 뒤이은 대화에서는 대답 인사가 출현한다. 안부를 물으면 두 번째 대화에서는 구체적인 설명이 이어질 것을 기대할 수 있고, 초대를 제안하면 승낙이나 거절이 출현할 수 있다.

그러나 인접쌍이 언제나 동시에 반드시 출현하지는 않는다. 발화는 연속적으로 이루어지는 특징이 있으므로 첫 번째 대화가 두 번째 대화를 간접적으로 암시할 수도 있고 첫 번째 대화 이후 맥락상 두 번째 대화가 발생할 필요가 없는 경우도 있기 때문이다. 이를 대화의 조건적 연관성(conditional relevance)이라고 한다(Levinson,1983; Schegloff, 2007).

인접쌍의 두 번째 짝 부분은 선호적 반응과 비선호적 반응으로 구분할 수 있는데 이를 선호 구조(preference organization)라고 한다. 선호 구조의 선호적 반응과 비선호적 반응 유형을 예로 들면 〈표 1〉과 같다.

〈표 1〉 선호적 범주와 비선호적 범주 유형 구분(Levinson, 1983)

첫 번째 짝 부분	두 번째 짝 부분	
	선호적 반응	비선호적 반응
요청	수용	거절
제안	수용	거절
평가	동의	반대
질문	예견된 대답	예견치 못한 대답/부답
비난	부인	인정
칭찬	사양	동의
사과	수용	부인
불평	사과	변명
초청	수락	거절

두 번째 짝의 출현은 다음과 같은 특징이 있다. 첫째, 목표 언어를 구사하는 집단의 사회·문화적인 경향이 반영된다. 영어의 경우 두 번째 대화

에서는 감사나 기쁨을 표현하거나 상대의 내용에 동의하는 표현 등이 자주 발현된다(이지원, 2015). 둘째, 화자의 선호 정도에 따라 발현 양상에 다소 차이가 있다. 예를 들어 첫 번째 대화에 대하여 두 번째 화자가 선호하고 있고 긍정적인 대답을 할 경우에는 대화가 즉각적이고 신속하게 이어지며 말차례의 구조는 비교적 단순한 편이다. 반면 첫 번째 대화 내용에 대하여 선호하지 않을 경우에는 둘째 대화의 반응이 지체되거나 발화를 시작하기까지 선호적인 반응에 비하여 상대적으로 시간이 많이 걸리고 부연 설명이나 부드러운 표현들이 추가되므로 발화의 양이 증가하는 경향이 있다.

두 번째 짝의 출현은 다음과 같은 특징이 있다. 첫째, 목표 언어를 구사하는 집단의 사회·문화적인 경향이 반영된다. 영어의 경우 두 번째 대화에서는 감사나 기쁨을 표현하거나 상대의 내용에 동의하는 표현 등이 자주 발현된다(이지원, 2015). 둘째, 화자의 선호 정도에 따라 발현 양상에 다소 차이가 있다. 예를 들어 첫 번째 대화에 대하여 두 번째 화자가 선호하고 있고 긍정적인 대답을 할 경우에는 대화가 즉각적이고 신속하게 이어지며 말차례의 구조는 비교적 단순한 편이다. 반면 첫 번째 대화 내용에 대하여 선호하지 않을 경우에는 둘째 대화의 반응이 지체되거나 발화를 시작하기까지 선호적인 반응에 비하여 상대적으로 시간이 많이 걸리고 부연 설명이나 부드러운 표현들이 추가되므로 발화의 양이 증가하는 경향이 있다.

〈표 2〉 대화 연속체의 확장 구조(Schegloff, 2007)

⇐ 예비 확장체(Pre-expansion)
첫 번째 짝 부분(First Pair Part, FPP)

⇐ 삽입 확장체(Insert-expansion)
두 번째 짝 부분(Second Pair Part, SPP)
⇐ 후행 확장체(Post-expansion)

예비 확장체란 기본 인접쌍인 첫 번째와 두 번째 대화를 위한 준비과정과도 같은 것으로서 청자에게 첫째 인접쌍의 발화를 암시함과 동시에 화자가 인접쌍 발화를 할지 여부를 결정하게 하는 근거가 된다. 삽입 확장체는 두 인접쌍 사이에 위치하는 것으로서 화행에 따라 달라지게 된다. 후행 확장체는 인접쌍의 두 번째 부분에 영향을 많이 받는다.

(3) 수정

실제 대화에서는 소음이나 타인의 끼어듦과 같은 환경적 요인이나 대화 내용에 대한 부족한 이해나 오해로 인하여 대화의 수정이 이루어진다. 대화 수정은 네 가지 유형으로 구분할 수 있다(Sacks, Schegloff & Jefferson, 1974).

① 화자가 개시하여 화자가 수정(self-initiated self-repair)
   - 문제를 발생시킨 화자가 스스로 수정을 시작하여 수행하는 경우
② 화자가 개시하지만 상대방이 수정(self-initiated other-repair)
   - 문제를 발생시킨 화자가 수정을 시작하지만 상대방 화자가 수정하는 경우
③ 상대방 화자가 시작하지만 문제를 일으킨 화자가 수정(other-initiated self-repair)
   - 상대방 화자가 수정을 시작하지만 문제를 일으킨 화자가 수정을 수행하는 경우
④ 상대방 화자가 시작하고 상대방 화자가 수정(other-initiated other-repair)
   - 상대방 화자가 수정 행위를 시작해서 최종 수정까지 마무리하는 경우

모국어를 사용한 대화에서는 주로 ②번 유형인 화자 개시-상대방 수정의 형태가 두드러지게 나타나는 경향이 있다(Markee, 2000). 제2언어교육 연구에서는 아직 수정에 관한 연구가 활발하게 이루어지지는 않고 있다.

수정과 교정은 구분되어야 한다. 수정(repair)은 발화나 듣기 이해와 관련한 문제, 발화 명료성 요청하기, 재발화, 반복, 이해 확인하기 등을 통해 대화를 진행하는 데 목적이 있다. 반면 교정(correction)은 말 그대로 틀린 것, 잘못된 것, 실수 등을 바른 형태로 바꾸는 것을 의미한다.

3) 분석 절차

대화 분석을 수행하기 전 연구자에게 가장 중요한 질문은 '왜 그것이 지금 일어나는가(why that now)?'이다. 실제 대화를 보면서 이 질문을 시종일관 염두에 두고 있어야 유의미한 대화 연속체를 발견하는 데 도움이 된다.

대화 분석 시 주의해야 할 사항은 여섯 가지로 요약할 수 있다(Ellis & Barkhuizen, 2005).

(1) 상세하고 정확하게 기록된 전사 데이터 사용
(2) 연구 문제 설정 시 연구 결과 예측 지양
(3) 말차례를 분석 단위로 사용
(4) 단일하고 유사하며 일탈적인(deviant) 사례를 중심으로 분석
(5) 대화 참여자들의 민족지학적, 인구학적 명제 등은 고려하지 않음
(6) 데이터의 수량화 지양

구체적인 내용은 다음과 같다.

(1) 상세하고 정확하게 기록된 전사 데이터를 사용한다.

대화 분석을 위해 녹음되거나 녹화된 자료는 정확하고 상세하게 전사해야 한다. 또한 반복 듣기를 하면서 정확하고 엄밀한 분석을 해야 한다. 정리한 내용은 분석 과정마다 다른 분석가들의 점검을 받음으로써 객관성과 정확성을 높여 나가야 한다.

대화 분석에서 많이 사용되는 Jefferson(1974)의 전사 체계는 철저히 대화 참여자의 시각에서 말차례를 분석한다. 따라서 대화의 세부적인 사항들과 있는 소리 그대로를 표기한다. 또한 언어 자체만을 중점적으로 분석한다기보다는 화자들이 사회적 행위를 수행하는 과정에서 언어를 어떻게 사용하는지를 중점적으로 분석한다.

한국어교육 연구에서는 주로 대화 분석이나 담화 분석 연구에서 제퍼슨(Jefferson, 1974) 전사체계를 사용한다. 그러나 간혹 연구 목적에 따라 제퍼슨 전사체계의 일부를 수정하거나 보완할 수도 있는데 이러한 경우에는 반드시 경험이 많은 연구자나 전문가의 자문을 통하여 수정된 전사체계에 대한 신뢰성을 확보해야 한다.

(2) 연구 문제 설정 시 연구 결과를 미리 예측하지 않는다.

대화 분석은 이론 기반이 아닌 데이터 기반 연구 방법이다. 따라서 연구 문제는 특정 선입견이나 예측된 내용을 바탕으로 이루어져서는 안 된다.

(3) 말차례를 분석 단위로 사용한다.

대화 분석은 청자의 관점에서 말차례-연속체 구조(인접쌍)-수정의 단계를 이해해야 한다. 또한 특정 단위나 맥락이 아닌 전체 대화체를 대상으로 분석해야 한다.

(4) 단일하고 유사하며 일탈적인(deviant) 사례 위주로 분석한다.

대화 분석의 표준적인 절차는 접하기 쉬운 일상적인 상황의 단일 사례에서 출발한다. 예를 들면 전화 대화의 시작 부분(Schegloff, 1968)이나 제2언어 교실의 과제 활동 수행과정에서부터 분석을 시작한다. 이러한 단일 사례를 통해 특정 현상이 어떻게 수행되고 있는지를 이해하고 그에 대한 설명을 제시한다. 이를 통하여 단일 사례 분석이 좀 더 넓은 범위의 유사 데이터까지 설명할 수 있는지를 확인해 볼 수 있다. 이 과정에서 발견되는 패턴이나 규칙을 시험적으로 해석한 후 비슷한 사례들의 집합과 비교하면서 단일 사례에서 분석한 결과와 비교하고 점검한다. 즉 단일 사례 분석이 넓은 범위의 유사 데이터를 설명할 수 있는지를 확인하는 것이다.

(5) 대화 참여자들의 민족지학적, 인구학적 명제 등은 고려하지 않는다.

상호작용 관련 대화 분석 연구에서 오랜 쟁점은 대화 참여자들의 민족지학적 그리고 인구학적 내용을 고려할지의 여부이다. 일부 학자들은 대화참여자들의 인구학적 정보는 물론 문화석인 측면까지 고려해야 폭넓은 이해를 제공할 수 있다고 주장한다. 그러나 '원칙적인 대화 분석가'(단순한 대화 분석가)들은 민족지학적 방법 등의 혼용을 거부한다.

그러나 학습자 언어를 분석하는 경우 주로 교육적 환경(교실 등) 내에서 일어나는 학습자 언어를 처리하는 경우가 대부분인데 이러한 경우 인구학적 요인들을 무시하는 것은 어찌보면 불가능하다고 볼 수 있다.

(6) 데이터의 수량화는 지양한다.

 대화 분석은 상호작용 대화의 모든 사례를 '고유한' 것으로 간주한다. 그러므로 다양한 종류의 분석 틀에 따라서 연구를 수행할 수 있다. 이 경우 선행 연구자들의 분석 틀에 맞추어 그대로 코딩을 하여 대화를 분석한다는 것은 대화 분석이 지향하는 연구 방법이 아니다. 즉 각각의 상호작용은 독립적으로 분석되어야 한다. 그러므로 통계분석도 대화 분석에서는 큰 의미를 갖지 않는다.

 그러나 최근 제2언어 학습 분야 등의 응용 연구 분야에서는 통계분석에 기반한 방법론이 증가하고 있다. 수량화 여부는 연구자의 연구 목적과 결과 활용 방안 등에 따라 조정될 수 있는 부분이므로 이에 대해서는 열린 자세를 취하는 것이 좋을 듯 하다.

 대화 분석의 대표적인 절차 다섯 단계는 다음과 같다(Ellis & Barkhuizen, 2005).

(1) 대화 연속체 선택
(2) 대화 연속체들의 행위 규정
(3) 화자들의 행위를 총체적으로 분석
(4) 말차례 구성 제시 방법 모색
(5) 대화 참여자들의 신분, 관계 등이 대화에 미치는 영향 분석

 각 단계별 세부적인 내용은 다음과 같다.

(1) 대화 연속체를 선택한다.

 일상적 대화를 분석하는 경우 대화 연속체는 보통 임의적으로 선택된

다. 언어 학습자의 대화 분석도 처음부터 연구자가 특정 대화 부분에 초점을 맞추기로 결정을 할 수 있다. 그러나 절대로 결과를 미리 예측하거나 단정지어서는 안 된다. 대화 연속체의 시작과 끝을 결정하기 위해서는 경계(boundaries)를 규정해야한다. 대개의 경우 시작 지점은 어떤 행위나 주제를 처음 언급하는 부분이고 마지막 부분은 대화 참여자들이 더 이상 이전의 주제나 화제에 대해 구체적으로 언급하지 않는 지점이다 (Pomerantz & Fefr, 1997).

(2) 대화 연속체들의 행위를 규정한다.

대화 분석가는 각각의 대화 연속체를 살펴보면서 참여자가 어떤 행위와 기능을 수행하고 있는지에 대해 질문을 해야 한다(Pomerantz & Fefr, 1997). 예를 들어 〈표 3〉과 같이 전사된 내용은 왼쪽에 넣고 행위에 대한 특징은 오른쪽에 적는 방식이 있을 수 있다.

〈표 3〉 대화 연속체들의 행위 규정하기 예

1. 교사: 이 그림에서 엄마가 아이에게 무엇을 하고 있어요?	1. 교사: 질문하기
2. 학생: 아이에게 옷을 입어요.	2. 학습자: 문법 오류를 포함한 대답하기
3. 교사: 아이가 혼자 입어요? 입혀 주어요?	3. 교사: 문제 암시, 수정 세공
4. 학습자: 아, 엄마가 입혀 주고 있어요.	4. 학습자: 수정된 답 발화
5. 교사: 맞아요. 엄마가 아이에게 옷을 입혀주고 있어요.	5. 교사: 대답에 대한 긍정적 평가, 목표 문법 정보 반복

〈표 3〉은 교사와 학습자의 대화의 일부분이다. 실제 연구에서는 이보

다 훨씬 더 방대한 분량의 자료를 다룰 수도 있고 같은 행위에 대해 상호 작용의 다른 측면을 분석할 수도 있다.

(3) 화자의 행위들을 총체적으로 분석한다.

상호작용 대화에서 참여자들은 많은 선택 사항 중에서 특정 행위를 선택하여 대화를 지속해 나간다. 이 경우 대화 분석가는 화자가 왜 다양한 선택 가능 항목 중 특정 행위를 선택했으며 그 이유가 무엇인지를 이해하려는 태도를 지녀야 한다. 연구자는 다음과 같은 질문을 던질 수 있다.

- 이 대화는 무엇을 보여주고 있는가?(행위에 대한 이해)
- 이 행위를 어떤 측면에서 그렇게 이해하게 되었는가?
- 이 행위들을 기반으로 무엇을 추론할 수 있는가?
- 이 행위를 통한 상호작용의 결과는 무엇인가?
- 이 행위와 관련시킬 수 있는 다른 상황들은 무엇인가?

(4) 말차례 구성의 제시 방법을 찾는다.

4단계에서는 말차례 과정별 자세한 검토를 실시한다. 이 과정에서는 다음과 같은 네 가지 질문을 던질 수 있다(Pomerantz & Fefr, 1997).

- 화자들의 발화 순서가 어떻게 결정되었는가? 발화자가 스스로 발화했는가, 아니면 이전 발화자가 지목했는가?
- 말차례의 시작 시점이 이전 발화와의 연장선상에서 이루어진 것인가? 발화가 중복되었거나 중단되었는가? 어떤 시점에서 발화가 전환되었는가?
- 발화가 어떻게 종료되었는가? 화자가 발화를 명확하게 종결한 것인가?
- 다음번 발화자의 선택은 어떻게 이루어졌는가? 연구자는 이를 어떻게 알

수 있는가?

(5) 대화 참여자들의 신분, 관계 등이 대화에 미치는 영향을 분석한다.

5단계에서는 대화 참여자들의 사회적 신분이나 관계가 상호작용에 어떤 영향을 미치고 있는지를 파악한다. 이를 위해 다음과 같은 질문을 할 수 있다(Pomerantz & Fefr, 1997).

- 대화 참여자들의 신분, 역할, 관계 등이 대화나 행동 방식에 어떤 영향을 미치고 있는가?
- 말차례 교대 시 대화 참여자들의 신분, 역할, 관계는 어떤 영향을 미치고 있는가?

2. 한국어교육의 대화 분석 연구 경향

한국어교육에서 대화 분석 연구는 그간 활발하게 이루어지지 못한 것이 사실이다. 그러나 최근 들어 학습자 중심의 의사소통 교육과 제2언어 교실에서의 실제적인(authentic) 텍스트 사용의 필요성이 증대되면서 대화 분석 연구에 대한 관심이 증대되고 있다.

국내에서의 대화 분석 연구는 순수한 언어학적 관점에서라기보다는 교육적 요소를 고려한 응용학적 관점에서 진행되고 있다. 박용익(2002, 2003)은 대화 분석을 통해 수업 내 교사-학습자 간의 의사소통을 분석함으로써 교사가 미처 인지하지 못하고 있었던 문제점 파악은 물론 이를 해결하기 위한 원인과 방법을 찾을 수 있다고 했다. 무엇보다 교사 스스로가 자신의 수업을 분석함으로써 수업에 대한 새로운 관점을 갖게 되고 수업의 질을 재고하기 위한 좋은 계기가 될 수 있다.

한국어교실에서 일어나는 상호작용을 분석한 연구들은 수업 대화에 대한 관심에서 출발한 것이 대부분이다. 대표적인 연구들로는 수업 담화 바로 잡기 연구를 수행한 손희연(1999), 교실에서의 교사말 연구(한상미, 2001), 한국어 모어 화자와 비모어 화자 간의 의사소통 문제를 대화 분석 관점에서 분석한 연구(한상미, 2005), 한국어교실에서 교사와 학습자 간 상호작용 양상을 분석한 연구(진제희, 2004)등이 있다. 그러나 이상의 연구들은 대화 분석의 방법론을 활용하기는 했으나 대화 분석의 주요한 분석 대상이 되는 인접쌍이나 대화 체계에 대한 면밀한 분석보다는 특정 담화(discourse) 맥락 하에서의 화용적 분석이라고 할 수 있겠다.

구현정(2001)은 대화 분석의 주요 개념인 말차례, 인접쌍, 대화 조직을 한국어 교수에 포함시켜야 한다고 주장한다. 구체적으로는 요청, 제안, 거절, 불평, 초청, 변명 등의 인접쌍을 기능교수 요목과 관련하여 구성하여 교수함으로써 교실 내 한국어 학습자들에게 실제성(authentic)이 높은 교육을 할 수 있다고 주장하였다. 또한 실제 구어에서 나타나는 말차례 패턴을 바탕으로 학습자들에게 좀 더 실제적인 한국어 대화 체계를 학습시켜야 한다고 했다(구현정, 2001, 2008). 실제성이 높은 수업은 학습자의 학습 동기와 의욕을 고취시키고 학습자 중심적인 수업을 지향하게 한다는 긍정적인 면이 있지만 인접쌍 말차례의 특성상 대화가 삽입되어 확장되거나 두 번째 발화가 이루어지지 않은 채 침묵하거나 화제가 전환되는 등의 상황도 빈번하므로 '대화의 실제성'에 대한 교육적 정의가 좀 더 이루어져야 할 것이다.

최근에는 대화 분석 방법을 기능언어학적 관점에 적용한 학제적(interdisciplinary) 연구가 시도되고 있고 이러한 접근 방법은 '문법과 담화' 또는 '문법과 상호작용'이라는 분야로 발전하고 있다. 김규현(2008)은 문법 구조가 일상대화의 발화 순서 체계에 영향을 받는다는 Schegloff(1989)의 주장을 대화 분석 연구를 통해 확인하였다. 김규현(2008)은 일상적인 한국어 원어민 사회구성원 간의 대화 분석을 통해 조사 '은/는'에 새로운 속성을 부여하였다. 조사 '은/는'은 청자가 화자의 이야기에 협력적인 반응을 보이지 않을 시 화자가 자신의 요점을 재주장하거나 강화하기 위한 맥락에서 사용할 수 있다고 했다.

```
1 H:    거기 코너에 박았어 콱 그냥.
2       (4.0)
3 N:    애들이 다 그러죠 다 다치면서
4       크는 거지
5       (2.0)
6 H:    근데 걔는 뛰어갈 때 앞을 안 봐.
7 N:    uhuhuh
8 H:    그 크[ㄴ - 그저 이루구,
9 N:       [hahaha                              (김규현, 2008)
```

H는 자신의 친구의 아들이 앞에 있는 철제 의자를 못 보고 달려가다가 의자에 머리를 부딪쳤다는 이야기를 N에게 해 주었다. 화자는 '콱', '그냥' 등의 단어를 통해 자신의 말을 강조해 가며 아이가 머리를 다친 상황을 설명하였으나 N은 즉각적인 반응 대신 0.4초 간의 침묵을 한 후 비선호적이고 비협력적인 반응을 한다. 그러자 H는 다시 0.2초 간의 침묵을 유지한 후 6번째 줄에서 서언(preface)하는 담화표지 '근데'와 '는' 발화문을 발화함으로써 자신의 요점을 부각시킨다. 화자 H는 청자의 반응이 (본인의 기대와는 달리) 다소 비협력적이자 좀 더 원활한 상호작용을 위해 대조를 나타내는 조사 '은/는'을 이용했다. 그러자 7번째 줄에서 N은 웃음으로 반응한 후 9번째 줄에서 협조적인 반응을 지속적으로 보이고 있다. 김

규현(2008)의 연구는 대화 분석이 한국어문법 연구의 새로운 연구방안이 될 수도 있다는 가능성을 제시하였다.

3. 대화 분석 방법의 실제

본 장에서는 앞서 살핀 Ellis & Barkhuizen(2005)의 대화 분석 방법에 따라 한국어교육 분야의 대화 분석 연구를 살펴보도록 하겠다.

> 황선영·하지혜(2017). 「한국어 고급 학습자 대상 일상 대화에서의 순서 교대 양상 연구」, 『우리말 글』 73권, 221-246.

이 연구는 한국어 고급 학습자들의 일상 대화 속에서 말차례 순서 교대가 어떻게 이루어지고 있는지를 분석하였다. 구체적으로 끼어들기와 반응하기 유형을 중심으로 한국어 학습자의 순서 교대 양상을 빈도별로 분석하였다.

1) 분석 대상

연구 대상자들은 국내 대학원 같은 학과에 재학 중인 외국인 유학생 세 명이다. 연구 대상자들의 인적 정보는 다음과 같다.

〈표 4〉 연구 대상자 인적 정보

대상자	A	B	C
국적	태국	태국	중국
성별	여	여	여
나이	30대	20대	30대

한국어숙달도 (TOPIK 기준)	6급	5급	6급
거주 기간	1년	1년	1년 6개월

또한 한국인과 외국인 학습자의 순서 교대 양상을 비교하기 위해 한국인 대학원생 4명도 같이 대화에 참여하였다.

이 연구는 말 순서 교대에 영향을 미칠 수 있는 대화 참여자들의 사회적 신분이나 관계 등의 변수를 최대한 통제하기 위해 대화 참여자들을 모두 같은 학과에 재학 중인 대학원생들로 제한했다는 점과 한국어 원어민과 비원어민의 순서교대 양상을 비교하여 분석하려 했다는 점에서 기존 연구들과 차별화된다.

2) 분석 절차에 따른 실제적 분석 방법

(1) 언어 자료 수집

학습자들의 전체 대화 상황을 녹화하고 녹음도 하였다. 그리고 카메라 등이 대화 참여자들의 대화에 영향을 미치는 것을 배제하기 위해 카메라를 보이지 않는 곳에 설치하였다. 총 녹화 시간은 1시간 52분 29초였다. 이 중 통일성과 순서 교대가 활발한 세 개의 부분 (총 13분 26초)만을 선택하여 순서 교대 양상을 분석하였다.

(2) 말차례 순서 교대 양상

끼어들기는 의도적 끼어들기와 우발적 끼어들기로 구분할 수 있다. 우발적 끼어들기는 반응적, 우호적, 비우호적 끼어들기로 세분화할 수 있다. 반응하기는 끼어들기가 발생할 때 나타나는 선행 화자의 반응으로서 순서 유지하기, 순서 양보하기, 대답하기로 분류할 수 있다. 이 연구는 끼어들기와 반응하기를 유형별로 분류한 후 빈도처리 하였다.

3) 분석 결과

분석 결과 외국인 학습자들의 상호작용은 다양하게 나타났으나 전체적인 순서 교대가 일어난 횟수에 비해서 끼어들기 횟수는 가장 빈도가 낮게 나타났다. 그 중 가장 빈번하게 일어난 끼어들기기는 우발적 끼어들기로서 이는 한국어 학습자들이 교체 적정 지점을 파악하기 위한 단서를 충분히 파악하지 못한 데서 일어난 것으로 해석할 수 있다.

반응하기 유형은 순서 유지하기가 가장 높게 나타났다. 순서 유지하기는 이전 발화자의 대화가 완결되지 않은 상태에서 다음 화자가 끼어들 경우 이전 발화자가 자신의 발화를 마치기 위해 순서를 다시 가져오는 경우이다. 분석 결과 세 명의 화자들 중 B의 경우 자신의 발화가 상대방과 중복되거나 발화가 완결되지 않은 상태에서 끼어들기가 일어나면 거의 대부분 다음 화자의 발화가 끝난 후 다시금 자신의 발화를 지속해 갔다. 이러한 이유는 한국어 학습자들이 한국어 교실에서의 대화 연습이나 교재의 완결된 대화문을 통한 말하기 습득에 익숙해져 있기 때문인 것으로 파악된다.

4) 연구의 의의와 한계

이 연구는 기존의 한국어교육 관련 연구들이 주로 교사말, 피드백, 학습자 상호작용 유형 등의 대화 분석기법을 중심으로 이루어져 온 것에 반해 일상적이고 자연스러운 상황에서 이루어지는 대화를 분석했다는 점에서 의의가 있다고 하겠다. 그러나 연구 대상자가 세 명이고 분석을 실시한 대화의 분량은 13분 정도이다. 따라서 해당 연구에서 분석한 내용을 한국어교육 전체로 일반화시키기에는 다소 무리가 있을 것으로 보인다. 그리고 한국어 학습자들의 끼어들기나 반응하기는 학습자들의 언어적 그리고 문화적 배경에 따라 달라질 수 있다. 그러므로 학습자들의 국적과 한국어 수준을 달리한 대화 분석 연구가 수행되기를 기대한다.

참고문헌

구현정(2001).「대화의 원리를 바탕으로 한 말하기 교육」,『외국어로서의 한국어교육』25권 1호, 연세대학교 한국어학당, 303-330.
구현정(2008).「대화 분석론과 말하기 교육」,『외국어로서의 한국어교육』33권, 연세대학교 한국어학당, 19-42.
김규현(2006).「한국어 대화에서 나타나는 첨가어의 순차적 분석」,『언어와 언어학』37권, 한국어외국어대학교 언어연구소, 21-48.
김규현(2008).「한국어 대화구조와 분법」,『응용언어학』24권 3호, 한국응용언어학회, 31-62.
박용익(2001).『대화 분석론』, 도서출판 역락.
박용익(2002).「학생들의 말하기 교육을 위한 대화 분석의 활용 방안」,『텍스트언어학』12권, 한국텍스트언어학회, 237-260.
박용익(2003).『수업대화의 분석과 말하기 교육』, 도서출판 역락.
백승주(2011).「한국어 교사 발화에 나타난 관여 유발 전략」, 연세대학교 대학원 박사학위 논문.
백승주(2014).「수업 대화 구조 분석의 절차와 방법-한국어 수업 대화를 중심으로」,『영주어문』27권, 한국영주어문학회, 335-376.
백승주(2015).「한국어교육에서 대화 분석 방법론의 수용 양상과 발전 가능성」,『어문론집』61권, 중앙어문학회, 57-88.
이지원(2015).「대화 분석 방법을 활용한 상호작용적인 말하기 연습활동」,『중국문학연구』61권, 한국중문학회, 69-91.
진제희(2004).「한국어 교실 구두 상호작용에 나타난 문제 해결을 위한 의미 협상」, 연세대학교 대학원 박사학위 논문.
한상미(2001).「외국어로서의 한국어교육에서 교사말 연구」, 연세대학교 교육대학원 석사학위 논문.
한상미(2011).「담화 및 화용과 한국어교육 연구」,『이중언어학』47, 이중언어학회, 507-551.
황선영, 하지혜(2017).「한국어 고급 학습자 대상 일상대화에서의 순서 교대 양상 연구」,『우리말 글』73권, 우리말글학회, 221-246.

Pomerantz, A. & Fehr, B.(1997). Conversation analysis: An approach to the study of social action as sense making practices, In *Discourse as social interaction: Discourse Studies 2 - A multidisciplinary introduction* (Teun A. van Dijk, ed.), London, Sage, pp. 64-91.

Atkinson, J. M. & Heritage(1984). *Structures of Social Action: Studies in Conversation Analysis*, Cambridge: Cambridge University Press.

Ellis & Barkhuizen(2005). *Analysing Learner Language*, Oxford: Oxford University Press.

Gail Jefferson, (1974). Error correction as an interactional resource, *Language in Society*, vol. 3, no. 2, pp. 181-199.

Levinson, S. C.(1983). *Pragmatics*, New York: Cambridge University Press.

Markee, N.(2000). *Conversation Analysis*. Mahwah, New Jersey: Erlbaum

Sacks, H., Schegloff, E., & Jefferson, G. (1974). A Simplest Systematics for the Organization of Turn Taking in Conversation. *Language*, 50, 696-735.

Schegloff, E. A.(2007). Sequence Organization in Interaction: *A Primer Conversation Analysis* Volume 1. Cambridge, UK and New York: Cambridge University Press.

Schegloff, E. A., Jefferson, G., & H. Sacks.(1977). The Preference for self-correction in the organization of repair in conversation, *Pragmatics* 6(3), 371-388.

찾아보기

ㄱ

가리키기(indicator) 190-192
간섭(interference) 62
강화장치 148
공기관계 제약 간과(overlooking co-occurrence restriction) 64
과도한 수정(hypercorrection/monitor overuse) 64
과잉 일반화(overgeneralization) 65
과제 중심 교수법 152
교사 주도의 문제 발생 표지 194-195
교정 219
교차 분석(chi-squared test) 145
구두 상호작용 구조 186
규칙화(regularization) 56-57, 59
긍정적인 전이 62
기능-형태 분석(Functional-form Analysis) 23-24, 42, 44, 124, 131-133, 135-136, 143, 146, 149, 152
기능 중심의 교수요목 23

ㄴ

난이도 18, 179
누락(omission) ... 55-57, 67, 69, 72-73, 155-156

ㄷ

다중응답 교차분석(multiple response analysis) 145
단순 첨가(simple addition) 56-57
단순화(system-simplification) 65
단언행위(assertives) 142
담화(discourse) 24, 42-43, 50-51, 54, 56, 66-67, 73-74, 107, 109, 115, 128, 132-133, 141-143, 148, 174, 176-178, 187, 196-198, 201, 207, 214, 220, 226-227
담화 기능 24, 42, 115
담화 완성형 테스트(DCT: Discourse Complete Test) 42-43, 132-133, 136-144, 146, 149
담화의 응집성 198
대등 접속 동사구(coordinated verb phrase) 164
대조 분석 18, 88, 140
대치(alternating forms) 45, 56-57, 67, 69, 72-73, 109-110, 125, 155-156
대화 분석(conversation analysis) 28-30, 41-42, 45, 185-187, 202, 213-215, 219-228, 230
대화 연속체 217, 219, 222-223

대화의 인접쌍 ·················· 30
대화 조직 ························ 226
도해 그리기(mapping) ········ 113, 119

ㅁ

말차례(turn taking) ······· 30, 164, 166, 214-215, 219-220, 222, 224-226, 228, 229
말차례 배분 규칙(turn-allocated rule) ························ 214-215
목표 언어적 사용 분석(target-like use analysis) ···················· 84
무전이 ···························· 62
문법 난이도 ······················ 179
문법성 테스트 ················ 38, 150
문법성 판단 테스트 ··· 39-40, 84, 89-92, 95, 119-122, 149, 151
문장 길이 ························ 179
문장 확장 ························ 179
문제 발생 표지(indicator) ······ 194-196
민족지학적(ethnographic) ····· 138-139, 186, 219, 221

ㅂ

반복 피드백 ······················ 198
반응하기(reaction) · 142, 190, 192, 199, 228-231
발화 단위(speech unit) ············· 165
발화 속도 ················ 174, 177-178
발화수반 행위(illocutionary acts) ·· 132-133, 136, 142

발화 순서 교대단위(Turn Constructional Units, TCUs) ·············· 214
변이(variants) ······················ 21, 24, 37, 42, 89, 97, 99-102, 107-111, 113, 119-123, 125
변이 형태 ················ 97, 100-102
보조화행(adjuncts to head act) ····· 134, 140
복잡성, 정확성, 유창성 분석(Analysing Accuracy, Complexity, and Fluency) ··· 161, 173, 175, 177
복잡성 ······ 25-27, 36, 39, 45, 56, 152, 161-163, 165-166, 168, 171-181
부정적 전이 ······················· 62
분석 틀 ······· 188-193, 203-205, 208
불완전한 규칙 적용(incomplete rule application) ················ 63
비교 오류(comparative fallacy) · 22, 115
비유창성 변수(hesitation phenomena) ························ 167-168
빈도 분석(Frequency Analysis) ·· 20-23, 35, 44-45, 97-99, 106-107, 109, 111, 113, 116, 173

ㅅ

사회 구성주의 ······················ 29
산출(production) 조건 ··· 50-52, 74, 173
삽입 확장체(Insert-expansion) ······· 218
상호작용 가설 ··············· 29, 186
상호작용 분석(Interactional Analysis) ···· 28-29, 41-42, 185-188, 193, 196, 202

상호작용 사회언어학(interactional
　　　sociolinguistics) ······ 185-186
생득주의 ································ 21
선호 구조(preference organization) · 216
수정(repair) ······ 19, 30, 34, 64, 69, 81,
　　　84-85, 114, 145, 155, 167-168,
　　　172, 177-178, 194-198, 201-
　　　202, 205, 207, 214, 218-219,
　　　221, 223
수정적 피드백 ············· 194, 197-198
스캐폴드(scaffold) ················· 197
시간적 변수(temporal variables) ··· 167-
　　　168
시작말(address term) ············ 134, 140
실수(mistakes) ······· 19, 60-61, 99, 219

ㅇ

아치 형태(archi-forms) ············ 56-57
암묵적 피드백 ······················ 198
어휘 다양도 ····· 166, 171-172, 175-180
어휘 밀도 ······· 166, 171-172, 177-180
어휘 세련도 ····· 166, 171-172, 179-180
언어 간 오류 ······················ 61-62
언어 내 오류 ················· 21, 61-62
언어 장치 ················· 29, 104-106
언어적(language) 요인 · 50-52, 121, 148
언어적 배경 ············· 50-52, 66,·70
언어적 접근법(a linguistic approach)
　　　······························· 185-186
언어 학습 배경 ············ 50-51, 66, 68
언어학적인 분류 체계 ············ 55, 58
역할극(role play) ····· 42, 132-133, 137-
　　　142, 146
연속체 구조(sequence organization)
　　　····················· 214-215, 220
예비 확장체(Pre-expansion) ···· 217-218
오류(errors) ························ 17-
　　　23, 25-26, 37-40, 43-45, 49-76,
　　　85-86, 88-89, 92, 97, 100, 106,
　　　115, 124-125, 149-157, 167-
　　　178, 180, 196, 198-199, 201-
　　　202, 204-205, 207-208, 223
오류 기술 ······················ 55, 59
오류 범주 ······················ 56, 60
오류 분석 · 17, 19-23, 37-38, 40, 44-45,
　　　49-52, 60, 65-68, 70, 73-74, 76,
　　　106, 154-155, 173-174, 201
오류율 ················ 72-74, 175,-178
오류의 범위(extent) ················ 54
오류의 영역(domain) ············ 54-55
오류 처치 ············· 196, 199, 201
오분석(misanalysis) ················ 63
오형성(misformation) ····· 55-57, 59-60
완화장치 ··························· 148
유도 ·········· 37-40, 44, 114-115,
　　　122, 132-133, 139, 175, 197-
　　　198, 200, 204-207
유도된 자료 ······· 37-40, 115, 132-133
유사 종적 연구 ··· 37-39, 82, 89-91, 98,
　　　100, 108, 122-123
유용(facilitation) · 18, 36, 62, 189, 197
유창성 ···· 25-27, 36, 39, 161-163, 167-
　　　168, 171, 173-179
유형화(patterning) ····· 19, 65, 115-116,
　　　118-119, 215

응결 장치 ················ 198
응답하기(response) ······· 137, 190-192
의견교환(exchanges) ················ 190
의미(semantic) ······· 19, 24-25, 27, 29-30, 34, 39, 44, 55, 58, 67, 75-76, 82-83, 88, 90, 92-94, 107-109, 113, 115, 118-129, 132-133, 135-136, 139-140, 151-152, 155, 161, 164-165, 180, 181, 186-196, 198-200, 202-208, 214, 216, 219, 222
의미-문법(semantico-grammatical) 115, 133
의미-문법적 기능 ··············· 115
의미적 기능 ··············· 113, 115, 132
의미 협상(negotiation) ····· 29, 139, 186-190, 192-196, 199-200, 202-203, 205-208
의사소통의 민족지학(the ethnography of communication) ······· 185-186
의사소통 전략 ····· 25, 41, 62, 194, 196, 199-201
이중언어 통사 측정(bilingual syntax measure) ··············· 90
인접쌍(adjacency pair) ····· 30, 215-216, 218, 226
인지주의 ··············· 18, 29

ㅈ

자가 수정율 ··············· 177-178
자극된 회상(stimulated recall) ········ 41
자동화 ··············· 27, 29

잘못된 순서(misordering) ···· 55, 57-58, 60
잘못된 유추(false analogy) ············ 62
장르 ···· 39, 45, 50-51, 66, 71, 173,-175, 179-181
재구조화 ··············· 116
재현정밀도 계수(coefficient of reproducibility: Crep) ········ 88
전이(transfer) 18, 21, 43, 62, 140, 149, 152
정보 차 활동 ··············· 41-42
정보처리이론 ··············· 27, 29
정확도 비율 ··············· 83-86, 91
정확도 평균 방법(accuracy means method) ··············· 86, 90, 93
정확성 ···· 21, 25- 27, 35-36, 38-39, 45, 73, 161-163, 167-168, 171-181, 201
조건적 연관성(conditional relevance) ··············· 216
종적 연구(longitudinal study) ···· 21, 24, 35-39, 82, 89-91, 98, 100, 108, 114, 122-123, 132, 162, 177
주화행(head act) ········ 133-134, 140
중간언어 ··············· 18-19, 22-23, 62, 70, 72, 74, 89, 98-99, 107-109, 111, 113, 115-116, 118-124, 127-129, 131, 139, 141, 143, 152, 156-157, 161-162
중복 실현(double marking) ········ 56-57
진위형 문법성 판단 테스트 ········· 151
집단 점수화 방식(group method score) ··············· 85-86, 91

ㅊ

차용(borrowing) ·············· 56, 62
처리 용량 ·················· 27
첨가(addition) ···· 33, 55-57, 60, 67, 69, 72, 120, 155-156
청각구두법(audio-lingual method) ··· 18
촉발시키기(trigger) ············ 190, 192
최선답형 문법성 판단 테스트 ······· 151

ㅋ

코드 전환 ················ 195, 201

ㅍ

표면 구조의 분류 체계 ·········· 55, 58
필수 경우 분석(Obligatory Occasion Analysis) ···· 20, 22, 40, 81-84, 88, 90-91, 107, 111
필수 문맥 ················ 84

ㅎ

학생 주도의 문제 발생 표지 ···· 194-195
학습자(learner) 변인 ········· 50-52, 68
학습자 말뭉치 ······ 43-45, 70, 107-109, 121, 123
학습자 오류 ···· 51, 53, 66, 74, 97, 156, 173, 207
학습자의 침묵 반응 ············ 198
함축 척도(implicational scaling) · 87-88, 91, 93-94

행동주의 ················ 18, 28
형태-기능 분석(Form-functional Analysis) ········ 23-24, 35, 44-45, 113-114, 119-123, 126-129, 131, 133
형태소 ···· 21, 55-57, 63, 72, 82-85, 87-88, 97
형태소 습득 ··············· 21
형태소의 과잉 사용(exploiting redundancy) ············ 63, 84
혼합(blends)의 오류 ············ 58
화용(pragmatic) ·· 24, 42, 55, 115, 132-133, 136, 139-140, 143-144, 146-149, 155, 201, 215, 226
화용적 기능 ········· 24, 115, 132, 136
화행이론(speech act theory) ········ 185
활용 ······ 24, 30, 44-45, 56, 62, 67, 73, 84, 91, 109-111, 116, 120, 122, 125, 129, 136, 140-144, 146, 149, 152, 161, 172, 174, 180-181, 186, 192-193, 222, 226
회고적 보고(retrospective report) ··· 141
회피 ················ 19, 200, 204
횡적 연구(cross-sectional study) ····· 35, 37-39, 82, 90-91, 113, 132, 136, 162
후행 확장체(Post-expansion) ········ 218
휴지 간 발화 길이 ············ 174, 178
휴지 길이 ··········· 168, 174, 176-178

A

AS-unit ········· 163-166, 168, 176-177

C

CTRP ······························ 215
C-unit ···················· 163-164, 166

I

IRF 구조 ························· 207

T

TRPs ······························ 214
T-unit ················ 163-164, 168-170

한국문화사 한국어교육학 시리즈

한국어 학습자 언어 자료 분석의 방법과 실제

1판 1쇄 발행 2019년 8월 28일
1판 2쇄 발행 2022년 2월 8일

| 지 은 이 | 원미진·황지유·남미정·왕억문·왕 호·이시재
         김주영·주정정·주우동·김지영·신희랑·박정화
| 펴 낸 이 | 김진수
| 펴 낸 곳 | 한국문화사
| 등   록 | 제1994-9호
| 주   소 | 서울시 성동구 아차산로49, 404호(성수동1가, 서울숲코오롱디지털타워3차)
| 전   화 | 02-464-7708
| 팩   스 | 02-499-0846
| 이 메 일 | hkm7708@daum.net
| 홈페이지 | http://hph.co.kr

ISBN 978-89-6817-798-9 93370

· 이 책의 내용은 저작권법에 따라 보호받고 있습니다.
· 잘못된 책은 구매처에서 바꾸어 드립니다.
· 책값은 뒤표지에 있습니다.

오류를 발견하셨다면 이메일이나 홈페이지를 통해 제보해주세요.
소중한 의견을 모아 더 좋은 책을 만들겠습니다.